# コロニアルな列島ニッポン

オキナワ／オホーツク／オガサワラがてらしだす
**植民地主義**

ましこ・ひでのり

三元社

## コロニアルな列島ニッポン
オキナワ／オホーツク／オガサワラがてらしだす植民地主義

**目次**

凡例≒構成と注意　7

はじめに　9

# 1章　コロニアルなオキナワ　11

   1-1　薩摩藩による植民地化　13

   1-2　近代日本による併呑（「琉球処分」）　17

   1-3　「沖縄戦」前史から不動の不沈空母まで　28

   1-4　戦後を予言した「天皇メッセージ」　32

   1-5　「トリップワイヤー」としての在沖米軍　37

# 2章　コロニアルなオホーツク　57

   2-1　北海道開拓の歴史的含意　58

   2-2　樺太・千島交換条約の歴史的含意　62

   2-3　日露戦争の歴史的含意再考　65

   2-4　「北方四島」意識の含意再考　72

   2-5　コロニアルな学界　75

   2-6　はやりの「多文化主義」とエコブーム／ツーリズムの
　　　　背景としてのオリエンタリズム　80

   【補論1：帝国日本によるアイヌ民族文化の動員とその忘却】　84

   【補論2：帝国主義のコピーとしての学術的収奪の輸入】　85

   【補論3：辺境地域に対するオリエンタリズム】　87

## 3章　コロニアルなオガサワラ　91

3-1　和人が不在だったオガサワラ　92
3-2　和人入植の歴史的含意　93
3-3　敗戦による米国支配時代　98
3-4　施政権返還以降　100
【補論4：社会ダーウィニズムがもたらした抑圧移譲としての
　大アジア主義】　106

## 4章　コロニアルなニッポン再考　109

4-1　コローニアエ ヤポニカエ（ニッポンの植民地）再考　110
　　4-1-1　多民族帝国としての近代日本の成立　112
　　4-1-2　「敗戦＝植民地喪失」という共同幻想　113
4-2　ヤポーニア コローニア（植民地としてのニッポン）再考　118
　　4-2-1　親米保守の貢ぎ物にモンクをつけない反米右翼の不思議　118
　　4-2-2　絶対平和論により基地固定化／安保維持を補完してしまう
　　　　　左派の逆理　131
　　4-2-3　米軍基地の「おしだし要因」と「ひきだし要因」の合力　138
4-3　二重の意味での植民地空間という時空の直視のために　143
【補論5：「固有の領土」論批判とその限界】　151
【補論6：陰謀論的幻影としてのジャパンハンドラーと、
　実質的売国奴という皮肉】　152
【補論7：レコンキスタにおける南千島とそれ以外の
　「温度差」】　154

## おわりに：みじかい終章のかわりに　155

**参考文献** 164

**索 引** 174

## 凡例≒構成と注意
<small>はんれー</small>

1. 表記上のユレを最小限にするため、基本的には、訓よみをさけている。
「わかちがき」を断念したので、よみづらくないよう一部漢字変換してある。
2. 引用箇所は「　」でくくられ、そのあとには、たとえば（いしはら 2007: 348, 361-6）のようなかたちで典拠さきの文献情報がかかれる。このばあい、「「いしはら」という家族名の人物がかいた本や論文が 2007 年に日本で刊行された。引用箇所は、348 ページと 361 〜 6 ページである」とよみとってほしい。

    直前の文献をまた引用・参照したばあいは、（同上：376-7）などとしるす。このばあいは、「うえとおなじ本の 376 〜 7 ページにかいてある」と解釈すること。
3. 文献情報は、巻末の【参考文献】にある。家族名による 50 音順配列である。カタカナ人名も、家族名を先頭に、個人名をあとにまわしている。ミドルネームはイニシャルのときもある。
4. 引用文献の大半は日本人の著作だが、日本人名の家族名表記は漢字が普通であり、とてもよみづらいのが難点である。そのため、たとえば、文中での典拠文献は、（いしはら 2007）などと、家族名をかながきしてある。巻末の【参考文献】の「いしはら」をさがすと、2007 年発行の文献は「いしはら・しゅん（石原俊）2007『近代日本と小笠原諸島……』平凡社」らしいことがわかる。これは、「石原俊さんという人物がかいた『近代日本と小笠原諸島』というタイトルの本を平凡社が 2007 年にだした」と、理解してほしい。
5. 引用箇所で（ママ）とあったら、原文がそうかかれているけど、誤記だとおもう、という意味である。また、引用箇所中の省略部分は〔……〕とした。
6. 〔△▼△▼＝引用者注〕とあったら、原文の誤記／不足を訂正／補足したということを意味する。
7. 人名は敬称略。
8. ルビは、表音主義（たとえば「ひょーおんしゅぎ」）が原則。なお、引用した原文にないルビをおぎなった箇所がある。

# はじめに

　日本作としてはひさしぶりのゴジラ作品だった『シン・ゴジラ』（2016年公開）には、準主役級の男性政治家が、日本の首相をアメリカ政府の「傀儡(かいらい)（＝あやつり人形）」だと評するシーンが最終盤にでてきます。日本語版ウィキペディア「傀儡政権」には、満州国やフランス領インドシナなど「第二次世界大戦前・中に日本の影響圏にあった政権」がいくつかあがっていますが、執筆者たちは日本政府自体が「傀儡政権」だった時期などないという認識のようです。

　では、かれは、アメリカ大統領になるという野心をもつ日系三世女性にむかって、なぜ日本の首相を「傀儡」だなどと自嘲気味に位置づけたのでしょう。

　日本の歴史教科書では一貫してふせられてきた政治的現実があります。

　　①沖縄県／北海道および千島列島／小笠原諸島は、明治政権が領土化した植民地。
　　②1945年から1972年の約27年間、琉球列島の大半はアメリカの植民地（国際法違反）。
　　③日米安保条約（1951年〜）が日本国憲法に優越する構造：日本＝アメリカの潜在的植民地。

　『シン・ゴジラ』最終盤に、監督らが主要人物にかたらせたのは、おそらくこの③を批判的にうったえたかったからできたセリフだとおもわれます。

おおくの国民が親米的で、アメリカ基準のコンピューターやハリウッド映画が大すきな人口でうめつくされている日本列島。日本列島各地に局在する原発と同様、点在する米軍基地について、なにかイメージがわかない「とおくのこと」と認識し、沖縄で米軍基地の問題がしばしば浮上しているらしい報道を「ひとごと」としてききながす。親米的な日本人のおおくは、日本列島上、有数の人口集団として米軍関係者がいることをわすれています。おおくの日本人にとってアメリカ人とは、ハリウッド映画やポップスのセレブたちであり、ニューヨークや西海岸を舞台にしたドラマの主人公たち、イチロー選手などとたたかうメジャーリーガーなど一流アスリート、アメリカ大統領など政府首脳や大統領候補たちであり、くわえてテレビに登場するタレントや英語講師たちあたりでしょう。そして、みぢかにいるアメリカ人といえば、大学や高校の英語教員であり、英会話学校の講師であり、ミッションスクールや結婚式教会でであう宣教師たちのはず。

　本書は、こういった親米ムードであふれる西太平洋の同盟国の市民が信じる日本イメージとはまったくちがった、いわば「倒立実像」を再構成しようというこころみです。あるいは、「日本が植民地にならなかった理由」といった課題への解答（＝「日本人はすごい」論）に、すごく感動できてしまうような層へのプレゼントです。

　個人的には、東アジア情勢が気になるむき、修学旅行等を企画中のみなさんに、おすすめです。本書は、現在の安全・安心をふりかえるプロセスであり、あるいは単なる観光旅行とは異質な体験を紙媒体であじわっていただこうという作業なので。

　琉球立法院、米軍政は国連憲章違反とする決議（2・1決議）を全会一致採択（1962年）から55年目をおもいおこす1月最後の日の深夜に（2017年1月31日）

# 1章
# コロニアルなオキナワ

**本章のあらまし**

奄美群島以南の琉球列島は近世期に薩摩藩の植民地となり、明治政権によって国民国家が形成された際にも、薩摩藩の直轄地の与論島以北は鹿児島県に、琉球国のうち沖縄島以南は沖縄県として完全に編入された。その後、帝国日本の南辺が台湾にきりかわったことで地政学上の地位が急落したが、太平洋戦争では、沖縄戦で「捨て石」あつかいをされるなど、典型的な手段化をされた。急激な同化主義の象徴として標準語化がすすめられたが、現地語使用をスパイ視されるなど日本軍の不信感はきえなかった。なにより酷薄だったのは、沖縄戦で多数の非戦闘員が犠牲になったことに対して、なんらむくいるところがないばかりでなく、米軍支配(冷戦下での不沈空母化)を公然と容認するといった、恩しらずな姿勢に終始したことに端的にあらわれている。それは昭和天皇が水面下でアメリカ政府関係者に託した「天皇メッセージ」にしめされている。オキナワは、米国への「ささげもの」にほかならなかった。それは、日本の植民地化を介した二重の植民地状況を意味した。オキナワが施政権返還によってレコンキスタが達成されていく過程は、在日米軍のオキナワへの集中化(4分の3)をともなっており、中国の海洋進出への危機感のあおりも、「トリップワイヤー」としての在沖米軍という、日米安保依存の日本人にとってのNIMBY意識の産物なのであった。オキナワをリゾート地としかみず、米軍基地が視野にはいらないこと、戦跡などダークツーリズムも日本軍兵士の鎮魂にひきずられることはあっても、非戦闘員が大量に犠牲になった歴史的現実は二の次なのであった。所詮は、オリエンタリズムの対象であり、リゾート地と軍用地の「共存」は、ハワイなどと同質なコロニアリズムをしめしているのである。

オキナワと、あえてカタカナでかくのは、沖縄戦（1945年）をぬきに琉球列島をえがくことは不可能だとおもうからです[1]。本来は、琉球列島の歴史的／文化的な多様性について、ていねいに記述すべきなのですが、議論が複雑になるので、便宜的に現在の奄美群島と沖縄県を「オキナワ」とよびならわしていきます（宮古・八重山や奄美地方ほかの多様性を捨象して、沖縄島[2]で代表していいなどとは、もちろんおもっていません）。

　オキナワは、1609年に島津氏にせめこまれて以来、政治経済上／文化上、自律的に自己決定権をとりもどしたことがありません。その意味では、400年以上にわたって植民地化されたまま歴史をつみかさねてきたといえます。たとえば沖縄島のひとびとは、中華帝国への朝貢関係から、現在にいたるまで、「○○世（ユー）」とよんで時代区分をしてきました。「唐ぬ世から大和ぬ世、大和ぬ世からアメリカ世、アメリカ世からまた大和ぬ世、ひるまさ変わゆる　くぬ沖縄……」（佐渡山豊「ドゥチュイムニイ」[3]）といったぐあいに。

　まずは、植民地化された17世紀はじめまで、さかのぼってみていきましょう。

---

1　歴史的名辞としての原爆投下を象徴する被爆地ヒロシマ／ナガサキと同様。

2　普通「沖縄本島」とよばれる、琉球列島第一の面積／居住者をかかえる主島。国土地理院および海上保安庁海洋情報部などによる地理学的呼称としては「沖縄島」がえらばれている（あじろ／わりた 2009）。

3　佐渡山豊（さどやま・ゆたか, 1950–）：沖縄島コザ市（現在の沖縄市）出身のミュージシャン。
　　「ドゥチュイムニイ」：標準日本語の「ひとりごと」にほぼ対応する。佐渡山豊の代表曲（1973年）のタイトルとなった。96年泡盛（菊之露酒造）のTVCMソングに採用されたり、佐渡山が20年の空白をへて発表した97年のアルバム『さよならおきなわ』にも採録されたりするなど、有名。

## 1-1
## 薩摩藩による植民地化

　琉球列島をマリンスポーツなどのスポットとしてとらえる層などにとっては、沖縄島のすぐ北に位置する与論島[4]は絶好のリゾート地といえるでしょう。晴天下では南方22kmほどの沖縄島最北端の辺戸岬がみえるという近距離。そういった地理的関係もあって、与論島と沖縄島北部には文化的連続性があるわけです[5]。もちろん、文化的連続性は県境で断絶するとはかぎらず、行政上の自治体の境界線と文化的異同とは一致しないのはごくあたりまえです。宮崎県南西部および奄美群島をのぞく鹿児島県ではなされるとされる「薩隅方言」と、「奄美語」とよばれる一群にはおおきなへだたりがあるらしく、言語文化的には、奄美群島以南とトカラ列島以北とに二分した方が適当なようです。つまり、与論島／沖縄島とで区分するのではなく、トカラ列島以北／奄美群島以南とで文化的連続体を区ぎるべきと。しかし、文化的非連続と県境とが一致しないのは当然だとはいえ、トカラ列島以北／奄美群島以南とで文化的断絶があるのに、「沖永良部与論沖縄北部諸方言」という連続性のなかに鹿児島／沖縄県境があるのは、薩摩藩が1609年に琉球にせめいり属国化

---

4　与論島：奄美群島のひとつで鹿児島県の最南端に位置する。隆起サンゴ礁由来の石灰岩からなる最高標高98mの平坦な地形。1島で与論町を形成する。

5　言語学的には、琉球語の下位単位としての「与論語」（ユンヌフトゥバ）と「国頭語」（ヤンバルクトゥーバ）には、「沖永良部与論沖縄北部諸方言」という連続性がみられるとされている（「今帰仁方言概説−琉球語音声データベース」「琉球語／琉球方言−ウクムニー（シマクトゥバ／島言葉）」「沖永良部与論沖縄北部諸方言−Wikipedia」ほか）。

したうえ、奄美群島を直轄地としたからです[6]。

　奄美群島自体は、鹿児島以北の政治勢力と沖縄島に割拠した勢力とのあいだで交易権などをめぐる紛争の対象となる中世期がつづいていたようですが、15世紀には、はじめて沖縄島を統一した第一尚氏に全域が制圧されました。第一尚氏をたおした第二尚氏[7]も、その支配をとくことはありませんでした。17世紀初頭に島津氏に支配されながらも、沖縄島との言語的連続性がなくならなかったということは、つぎのような推測を可能とします。15世紀以来の尚氏による支配によって、沖縄島北部と同系統の言語が当時の奄美群島の諸言語にとってかわったこと、17世紀以降の薩摩藩による直轄によっても、鹿児島の影響はちいさく、基本的な変容をきたさなかったことです。

　もちろん、与論島以北と沖縄島以南とでは、文化的差異がみられます。たとえば、奄美には、一文字姓[8]が大量に発生したとか、泡盛(あわもり)文化はねづかず黒糖焼酎がアルコールの主軸となった[9]とか「油

---

6 　ウィキペディアでは「琉球征伐」という項目として記述がある。「ノート：琉球征伐」では「琉球侵略」「琉球侵攻」「琉球の慶長役」「慶長の役（琉球）」「薩摩による琉球侵攻」などの項目案があがっている。「征伐」というのは、端的に薩摩藩中心の史観にもとづく呼称なので、当然だ。

7 　明治政府に支配され華族に叙せられるまで19代つづく。

8 　純田宏「奄美群島の名字について」、弓削政己「奄美の一字名字と郷士格について」（すみた 2005, ゆげ 2005），Wikipedia "Amami name" (https://en.wikipedia.org/wiki/Amami_name)
　　「特別講義 その1　奄美の一文字姓」『超カンタン奄美島口講座』(http://shimaguchi.7716.info/index.php?class2_1)

9 　「大正12年奄美で泡盛造る〜大島では泡盛をセエと呼ぶ〜」『泡盛新聞』(2000.08.01, http://awamori-news.co.jp/yomoyama_20_amami_see/)，ウィキペディア「泡盛」「奄美黒糖焼酎」。

そうめん／ソーミンチャンプルー」「鶏飯／ケーファン」のような食文化の差異など、直轄の植民地と属国という政治経済体制の断絶は、近世・近代をとおしてさまざまな痕跡をのこしてきました。

そもそも、「琉球処分」(1879年) という琉球国の廃滅＝「沖縄県」設置の際にも、与論島以北は、直接的な影響をうけませんでした。版籍奉還／廃藩置県の際に、当然のように「鹿児島県」に編入されていたからです。後述する、米軍支配からの解放が奄美群島は1953年12月25日と比較的はやかったことも、この「県境」という点ぬきには説明つかないでしょう[10]。そして、これら一連の事態が薩摩藩による琉球侵攻なしにおきたはずがありません。

かくして、鹿児島／沖縄県境がどのような意味をもつかはともかく、17世紀から400年以上にわたって、奄美群島以南の琉球列島が植民地化されてきた経緯は否定できません[11]。だからこそ2009年には奄美の地元紙に「島津氏の琉球侵攻400年」といった連載記事[12]が掲載されたり、沖縄でもシンポジウムがうたれたりしたわけです[13]。

---

10 奄美群島をふくめた「国境」線変動の経緯と文化的な連続性について着目した議論としては、岩下明裕『入門 国境学』の第7章、特にpp.197-9（いわした2016）。

11 鹿児島県民の一部は、会津の白虎隊の件などと同様反発するだろうが、「薩摩藩侵攻400年シンポ」で「薩摩島津家の第32代当主・修久（のぶひさ）さんも登壇し「旧藩時代の苦難の歴史の主な原因をつくったのはわたしどもにある」とあいさつした」といった現実は重要（「歴史越え連携構築 薩摩藩侵攻400年シンポ」『琉球新報』2009.5.3, http://ryukyushimpo.jp/news/prentry-144071.html）。

12 桐野作人「さつま人国記」（「島津氏の琉球侵攻400年」1-13,『南日本新聞』2009.3.21 〜 7.6) http://373news.com/_bunka/jikokushi/index.php

13 「沖縄では、昨年、薩摩の琉球侵攻400周年、明治政府の琉球処分から

### 沖縄史シンポジウム相次ぐ〈薩摩侵攻400年　琉球処分130年〉

　今年は薩摩・島津藩の琉球侵攻から400年、明治政府による琉球処分から130年の節目にあたる。これを機に沖縄、鹿児島県の各地で、日本と琉球弧の関係を問い直す催しが相次いでいる。24日、那覇市民会館であった「琉球処分130年を問うシンポジウム・大激論会」では現在の沖縄が抱える問題を、戦後の復帰運動にしばられずとらえ直そうという機運の高まりが感じられた。

　主催は今年1月に結成された市民団体「薩摩の琉球支配から400年・日本国の琉球処分130年を問う会」。琉球大の金城正篤名誉教授らがパネリストに加わった討論会では、明治政府の琉球処分が琉球王国の意向を無視して進められた点や、処分後も旧王国の役人らが清に亡命して救国運動を続けたことが紹介された。

　沖縄、鹿児島県の各地では72年5月の本土復帰にちなんで
　　▽今月2日「未来への道しるべ　薩摩藩奄美琉球侵攻400年を再考する」＝鹿児島県・徳之島町文化会館
　　▽9日「薩摩の琉球侵攻400年を考えるシンポジウム」＝沖縄県立博物館
　　▽17日「琉球から薩摩へ──四百年を考える」＝鹿児島県・

---

130周年を迎えて、これらを改めて検証するシンポジウムが開かれ、新聞で長期連載されるなどメディアでも取り上げられた。薩摩侵攻を「第一の琉球処分」、明治政府による併合を「第二の琉球処分」、沖縄戦→施政権譲渡→米軍占領を「第三の琉球処分」、民意を無視した軍事基地つきの沖縄復帰を「第四の琉球処分」と呼ぶ議論、そして自民党政権の沖縄基地容認・日米地位協定容認政策を別の琉球処分ではないかという議論が相次いだ。」(吉田健正「A Voice from Okinawa(7) －薩摩の「琉球侵攻」、明治政府の「琉球処分」を振り返る－」『一人ひとりが声をあげて平和を創る メールマガジン「オルタ」』第74号，2010.2.20)

沖永良部島
＝など、近世・近代の琉球史をとらえ直す催しが続いている。いずれも、台湾や中国と交易する独立国だった琉球が日本に服属する過程を検証するもので、その狙いは「幕府や島津藩、明治政府の琉球不在のやり方は、沖縄サイドの意見が反映されない現代の基地問題につながる」(金城教授)との指摘に集約される。

　「問う会」の比嘉康文事務局長は「結論を出すのが目的ではなく、多くの人が議論する場を設けたかった」と言い、年内にシンポジウムや戦跡フィールドワークも開く予定。琉球処分100年の際は、復帰直後ということもあって反復帰論が議論の中心だったという。30年を経て、より広い視点での検証作業が期待される。

(『毎日新聞』沖縄県版2009年6月1日)


## 1-2
## 近代日本による併呑(「琉球処分」)

　ともあれ、島津氏による琉球侵攻同様、日本史教科書等ではさらっとすまされるのが、沖縄県設置(「琉球処分」1879年)です。すでにみたとおり、奄美群島をふくめた琉球列島で歴史的検証をつづけている住民の一部は、400年まえとか130年まえといった歴史的事実をわすれていないだけでなく、「ヤマトによる琉球処分」と一連の政治処分とみなしているのです。「沖縄県設置」を時間差のある「廃藩置県」(1971年)とはとらえていません。シンポジウム等で「薩摩侵攻を「第一の琉球処分」、明治政府による併合を「第二の琉球処分」、沖縄戦→施政権譲渡→米軍占領を「第三の琉球処分」、民意を無視した軍事基地つきの沖縄復帰を「第四の琉球処

分」と呼ぶ議論」がかわされたという事実[14]は重要です。

ちなみに、ウィキペディア「廃藩置県」では、膨大な記述が展開されるなか、琉球列島については、つぎのように付随的で些末な経緯として位置づけていることで軽視が露骨です。

> **琉球藩**
> 戦国時代、明国と冊封関係を利用し勢力を拡大していた琉球は慶長14年（1609年、万暦37年）、薩摩藩に破れ降伏し薩摩藩の附傭国となった。江戸時代において、清への朝貢を装う行き来が盛んであったが、実体は薩摩藩による密貿易である。明治政府は明治5年9月14日（1872年10月16日）、琉球王国を「琉球藩」とし、明治12年（1879年）3月11日に沖縄県として実質的国内化を図った。「琉球藩」は、この間の琉球の公称である。
> **九州地方**
> 明治4年11月14日（1871年12月25日）布告。
> 〔中略〕
> ・鹿児島県－大隅国のうち熊毛郡・馭謨郡、薩摩国一円、ほか琉球国
> **分立**
> 明治5年9月14日（1872年10月16日）－鹿児島県のうち琉球諸島（琉球藩）※琉球処分
> **その他の異動**
> ・明治12年（1879年）4月4日－琉球藩を廃止して沖縄県を設置
> ・明治15年（1882年）2月8日－開拓使を廃止して札幌県・函館県・根室県を設置

---

14　注12参照。

・明治19年（1886年）1月26日－札幌県・函館県・根室県を廃止して北海道庁を設置

ウィキペディアの記述は、実にあっさりしていますが、おなじくウィキペディア「琉球藩」に「最終的に琉球の帰属が国際的に画定するのは、後の日清戦争後まで待たねばならなかった」という記述がみつかるとおり、「沖縄県」設置は、外交問題でした[15]。西南の役など各地の士族たちの反乱が「内憂」だったとすれば、清国との対立など、「外患」だったことは明白です。ウィキペディア「琉球藩」のつぎのような記述だけみても、一般的な日本人が歴史教育や時代劇などでうけた印象が一変するはずです。

> 1872年（明治5年）、廃藩置県の翌年、琉球国王・尚泰は、明治政府により「琉球藩王」とされるとともに華族とされ、これにより琉球藩が設置された（第一次琉球処分）。尚泰は「皇国と支那の御恩」に感謝し、両国を「父母の国」と仰ぎ奉っているとして、日清「両属」の現状維持を要請し（『琉球見聞録』）、清への朝貢を続け、王位を名乗り続けた。そんな中、琉球御用船の船員が、漂着先の台湾で台湾原住民・パイワン族に殺害された、いわゆる琉球島民殺害事件が起きた。
>
> 事件を受け、政府は1874年（明治7年）に台湾出兵を行った。これに清側は直ちに抗議し、撤兵を強く求めた。明治政府は9月、「和戦を決する権」を与えられた大久保利通を全権として北京に派遣。清と交渉し、難航の末、清は日本の出兵を「義挙」と認

---

[15] ちなみに、琉球藩の所轄は内務省ではなく外務省だった。「内政」問題でなかったことは明白だ。

め、50万両(テール)の賠償をすることで事件は決着した。これは、琉球の帰属問題で日本に有利に働くが、清は琉球の日本帰属を正式に承認したわけではなかった。明治政府は翌1875年、琉球に対して清との冊封と朝貢関係の廃止、ならびに明治年号の使用などを命令するが、琉球は清との朝貢関係を継続する意向を表明。清は琉球の朝貢禁止に抗議するなど、外交上の決着はつかなかった。

　尚泰はその後も清への朝貢を続けたが、1879年(明治12年)、明治政府は尚泰を東京へ連行、内務官僚・警察隊・熊本鎮台分遣隊を派遣して鹿児島県へ編入、同年中に沖縄県を設置した。しかし王族士族の清への亡命などによる抵抗が続き、農村の地方役人層までが新県政反対運動として県政加担者を殺害した「サンシー事件」などは警察力により制圧された(第二次琉球処分)。清は再三抗議し、八重山への出兵を検討した。しかしアメリカ元大統領ユリシーズ・グラントの仲介もあり、1880年北京で日清の交渉が行われた。

　この時、日本は、沖縄諸島を日本領、先島諸島(八重山列島・宮古列島)を清領として、日清修好条規に中国内での日本人の通商権を追加する譲歩案(分島改約案)を提示し、一旦は話がまとまるかに見えた。しかし清は、琉球王国を復興することを目論んでおり、分島にたいする琉球人の反対もあり、清側が調印せずに終わる。

亡命者がでるなど、端的にいえば、琉球士族のうち守旧派は「沖縄県」設置にまったく同意できておらず、日清戦争によって台湾が帝国日本の領土になるまで、明治政権による施政権を甘受してはいなかったのです。なにしろ、下関条約締結(1895年)によって琉球国復活の可能性がとだえたあとでさえも、尚家による世襲知事／

つよい自治権の維持という特例措置をもとめた、つぎのような請願を1897年におこなったほどですから。

1. 沖縄県の執政者を尚家に任せること。
2. 執政者は政府の監視下で沖縄県の行政を担当させること。
3. 沖縄県に強い自治権を与え、議会を設けること。

(ウィキペディア「公同会運動」)

そもそも、明治政権は、「分島改約案」などでみられるように、琉球列島全域を一度支配下におく意思をしめした直後に、他国に譲渡する腹案を提示するなど、現在の「固有の領土」論などに固執する政府の主張とは、まったく対照的な、冷酷な実利主義です。宮古・八重山地方の住民各層の意識はさまざまだったでしょうが、王国を廃滅させたのちに、きりはなしを画策するぐらいですから、明治政権に領土的執着などなかったわけです。「脱清人」[16]をはじめとして、清国ほか各国に「琉球救援」の嘆願運動をおこなう亡命者等がでたのは、ある意味当然の反応でした。

きえることのない独立志向・運動を、中国共産党政権などの策動の産物などと敵視するむきがみられます[17]。しかし、そういったナ

---

16　琉球国復活、いわゆる救国運動を展開しようと清国政府に期待して亡命した一部の士族たち。日本政府による琉球処分＝琉球国廃滅を不当と主張した。ウィキペディア／『沖縄大百科事典』(沖縄タイムス社, 1983年) など、参照。

17　森保裕「沖縄の帰属未定論——長引く尖閣対立で揺さぶりをかける中国」(『WEDGE Infinity』2013.05.22, http://wedge.ismedia.jp/articles/-/2833), 仲新城誠「沖縄の平和教育に中国の影」(『月刊正論』2014.07, http://ironna.jp/article/534)

1章　コロニアルなオキナワ

ショナリスティックな反応をするまえに、400年ぐらいさかのぼって歴史をふりかえる作業に着手する責任があるでしょう。日本国民の相当数は、4世紀にヤマト王権が成立したなど考古学に関心をもち、『日本書紀』など7世紀からの連続性を自明視するとか、1000年以上さかのぼることに、なんら抵抗を感じないようですから[18]。

それはともかく、沖縄県設置の翌1880年には、「会話伝習所」や「沖縄師範学校」など、「日本語」をどう流通させるかを課題とした機関がつくられます。小学校は、まさに日本語会話をなりたたせるべく児童を同化する装置であり、たとえば「沖永良部与論沖縄北部諸方言」などを列島全域でローラーをかけてすりつぶそうというものでした[19]。

おどろくべきことは、これら教育機関で育成された日本語話者たちは県の官僚として登用されただけでなく、帝国大学に進学し知

---

[18] ちなみに、朝鮮出兵（文禄・慶長の役, 1592～3年, 1597～8年）などの蛮行についても、晩年の秀吉の誇大妄想ぶりや愚劣さは、再三時代劇などでえがかれるが、朝鮮半島や中国大陸のひとびとの歴史意識に対する配慮はほとんど感じられない。元寇など、侵略されるという不安感については、過剰なほど反応するが、「侵略行為について鈍感なのが、ヤマト民族」といった本質主義的なそしりをうけても、しかたがない気もする。400年以上もさかのぼって、つねにナショナリスティックなかたちで、「日本」が実体視されているのだから、周辺地域から、ひとくくりに野蛮視されても、しょうがないかと。

[19] 皮肉なことに、当時の標準日本語はいまだ「準備中」といった水準で、とても完成しているとはいえなかった。当時の標準語が未完成だったことは、会話伝習所で使用されたテキスト『沖縄対話』の会話文がしめしている（『沖縄対話』第三回, p.15）。
　「先生、伺ヒマス」「何デアリマスカ」「小學讀本ノ字引ハ無イモノデゴザリマスカ」「澤山アリマス」「コチラニモ、参リテヲリマシヤウカ」「スコシハ、來テヲリマシヤウ」……

識人となった人物（伊波普猷(いは・ふゆー)etc.）もでましたし、台湾で「国語教育」をになう人材＝台湾人（現在の「本省人」）を同化する主体となった事実です。植民地教育の被教育者が、植民地に赴任して教育者として同化主義に加担したのですから、皮肉というほかありません。

　こういった同化主義に対しては、過剰に適応した層と、ついていけない層へと分裂しました。過剰適応層は「標準語励行運動」などを主導します。不適応層は、のちにのべる沖縄戦で「方言使用者＝間諜（スパイ）」として日本軍に標的にされ、処刑されたひともいたといわれています。過剰適応層と落伍層との分断状況を悲喜劇としてえがいたのが、戯曲『人類館』（1976年）です。少々ながいのですが、西亮太さんによる紹介文の一部を引用します。

### 「琉球人」と「県人」のはざまで――「人類館事件」（1903）と戯曲『人類館』（1975）

　いまの沖縄を読むために、ある戯曲を手掛かりとしてみたい。それは「本土復帰」の3年後、1975年に発表された知念正真による戯曲『人類館』だ。この戯曲は1903年、大阪で開かれた内国勧業博覧会の場外パビリオンにおいて国内外の生身の人々が「未開人」として「陳列」された「人類館事件」に題をとっている。本作に触れる前に、この事件を簡単にみておこう。学術人類館と名付けられたこのパビリオンは、パリ万博で同様の「陳列」を見て感銘を受けた人類学者坪井正五郎の発案と指揮のもとに運営され、朝鮮人、琉球人、台湾人、アイヌ人、ジャワ人などとされた人たちが資料として「陳列」され大盛況を博した。これに沖縄側が「北海道のアイヌ等とともに本県人を撰びたるは是我に対するの侮辱これより大なるあらんや」と猛抗議し、大事件へと発展していったのだった。ここでまずは、人間をそのまま「陳列」する

という人種差別的行為の非人道性が批判されねばならない。だが、「本県人をアイヌ人らと並べるな」との抗議に現れている沖縄側の差別意識も同時に指摘されねばならないだろう。〔中略〕

さて、この事件に題をとった本作は、「調教師ふうな男、陳列された男、陳列された女」のみで演じられるミニマルな劇だ。調教師ふうな男の「皆さん今晩は。本日は我が「人類館」へようこそおいでくださいました」という挨拶から始まり、陳列された男女に関する解説で幕が開く。だがこの調教師はこの男女が日本の「魂」たる日本語をうまく話せず「方言」しか使えないことが気に食わないらしく、男女を執拗に「調教」しようとする。この執拗さの裏には以前、「琉球人」と間違えられて昇進を取り消された調教師の個人的な恨みがこもっているのかもしれない。苛烈でありつつもどこか滑稽なこの「調教」が進むにつれて舞台は小学校の教室、取調室、精神病院、そしてガマ（洞窟）へと目まぐるしく展開し、それに合わせて3人の役どころもころころと変わっていく。ガマが舞台となる劇の最終段になって、調教師は「本土」から来たと思われる「戦隊長」を演じ、ガマに避難してきた民間人を演じるこの男女に執拗に暴力を振るう。だが感情を高ぶらせていく「戦隊長」に、突然「民間人の男」が「方言」で語り掛ける。「カマー？…我どぅやしが、カミーよ」、と。するとそれまで高圧的にまくしたてていた「戦隊長」は我慢しきれなくなったように「方言」で叫び声をあげ、3人はひしと抱き合い涙で再会を喜ぶ。どうやら「本土」から来たと思われていた「戦隊長＝調教師」は、「民間人＝陳列された男女」と同様、沖縄の人間だったようだ。ここまでの「調教」が言語を用いて「日本語」が話せない存在としての「琉球人」を「日本人」の下位に固定化しつつ、同時に日本化しようとするものであったとするなら、ここでは「方言」がその調教の構造を切り崩している。だがこの突然の再会で

大団円を迎えるかと思いきや、「戦隊長」は突然調教師に戻り、投降を呼びかける「たどたどしい日本語の、アメリカ人の声」に「異常なまでにうろたえ」、その後、手りゅう弾の爆発で死んでしまう。焦った男はどこからかムチと帽子を持ってきて、女と死んだ調教師を並べて座らせ、ムチを鋭く鳴らしてこう言う。「皆さん、こんばんは。本日はわが「人類館」へ、ようこそおいでくださいました」。〔以下略〕

(西 亮太「「ニッポンノ、皆さん」と沖縄」『教育×Chuo Online』)

　西さんが紹介しているとおり、「人類館事件」は20世紀初頭のレイシズム事象です[20]。それは植民地主義的同化教育の対象となった地域が露骨な差別をうけた事件ですが、40年後の沖縄戦でのスパイあつかいを予期させるような象徴的な事例でした。米軍による直接的支配下からとりあえず脱したはずの施政権返還。その数年後[21]に、県出身者もかかわる同化主義的教育の本質が「調教」なのだという皮肉な総括は痛烈です (にし2015)。西さんは着目していませんが、実は、同化主義教育は沖縄戦までは、さほど功を奏したとはいえなかったこと、県出身教員による「調教」がもっとも劇的に作用

---

[20] 事件の経緯・論点の概略をおさえるだけなら、ウィキペディア「人類館事件」は簡便。ただし、記述の含意を充分理解するためには、歴史的背景など基礎知識がかなり必要。

[21] ちなみに、戯曲「人類館」がはっきりと文書として発表されたのは『新沖縄文学』33号 (1976年)。「私が「人類館」を書いて、演劇集団「創造」で初めて上演したのは、1976年のことである」とある (ちねん1997)。また、金闇愛は「『人類館』は最初から上演を目的として書かれていて、雑誌などに発表される以前に舞台にあげられた」としつつ「「人類館」は初演の1976年から数十年にわたり沖縄本島をはじめ東京、大阪でも演劇集団「創造」によって上演された」とする (きむ2013)。次項参照。

したのは、米軍統治下、左派系教員が「復帰運動」と並行しておこなった「標準語励行運動」でした。旧内務省も、戦後の文部省（文部科学省の前身）も介入しない、異民族支配下での主体的営為が、地域文化／地域語を否定し、ひたすら「標準日本語」への邁進をおしすすめたのです（ましこ2002=2014）。戯曲の作者、知念正真[22]が「人類館」という、帝大教授（人類学）主導のイベントにモチーフ（タイトル）をかりながら、その実、県出身者による「調教」をテーマとして徹底的に皮肉ったのは、植民地主義的な同化教育が被支配者に内面化され、「自己家畜化」[23]していくメカニズムでした。人類が次世代を家畜と同様に調教してきたのと同形で、植民地主義は、被支配層が主体的に標準語化する運動を再生産していったと。鉄と硫黄が加熱されると化学反応が熱をもたらし、つぎつぎと反応が連鎖するように。生物学者リチャード・ドーキンスが指摘した"meme"[24]の伝染過程です。

---

[22] ちねん・せーしん（1941-2013）。コザ（現在の沖縄市）出身の劇作家・演出家。ウィキペディア「知念正真」参照。

[23] 「家畜化／栽培化」（domestication）とは、動植物がヒトの管理下におかれることで野生種とはことなった遺伝子情報へと制御されること（品種がランダムな方向に多様化していくのではなく、人間集団にとって「有用」である性質／形態などに変化すると同時に、保護なしには生存できないような脆弱性をおびたりする）。同様の構造は、ヒト自身にも発生するので、それを「自己家畜化」（self-domestication）とよぶ。おもと編著（2002）、ウィキペディア「家畜化」など参照。

[24] イギリスの動物行動学者・進化生物学者として著名なリチャード・ドーキンス（1941-）が、一般むけ解説書『利己的な遺伝子』のなかで付随的に提起した文化の伝染過程のモデル。一見「利己的に」にうつる遺伝子の存在を擬人的にとらえた遺伝子の機能（生物の各個体を自己複製＝拡大再生産のための媒介者として「手段」化）と並行し、「ミーム（meme）」はヒトの脳・身体を媒介物として「自己複製」をすすめていくと説明する。

しかし、同化主義教育が、沖縄戦までは期待されたほど功を奏しなかったとはいえ、復帰運動と並行した標準語励行運動を準備したのは、戦後のラジオ放送やテレビ放送ではなく、戦前の「調教」過程です。戦前の「本土」への進学／でかせぎは、露骨な差別を経験させる機会でもありましたが、その世代の経験は、復帰運動期の「本土」への進学／でかせぎでの体験を予期させるものでした。「標準語」化を達成しないかぎり、強烈な差別を誘発する。実際に、コミュニケーションがとれない。……という「先輩」たちのトラウマは、戦後に「開花」したのでした。

　とても「同胞」と位置づけられているとはおもえない県民は、おなじ植民地である台湾や朝鮮と比較したとき、あきらかに「沖縄県」の位置づけがひくかったことでも、うらづけられます。日清戦争で台湾を領有するやいなや、南西方面の地政学的要衝が台湾へと方針転換されたことは、予算措置／高等教育機関の有無／「南洋道問題」[25]などから明白です。結局、「沖縄県」が中央政府にとって重要な拠点とみなされるのは、太平洋戦争で劣勢となり「本土決戦」をまえにした前哨基地として沖縄島等が地政学的に重視される時代が到来してからでした。沖縄県民がいう「戦世(いくさゆー)」の到来まで、オキ

---

　　ヒトの非生得的な行動様式＝文化現象が偶発的な発生・反復でないかぎり、それはミームが各人の大脳に寄生することで自己複製し、文化現象として個人間で集団伝染し拡大していく。

25　「**南洋道問題**(なんようどうもんだい)とは、明治時代に提起された沖縄県と台湾の合併計画問題。最終的に各方面からの反発により、提起から1年にも満たない1909年には立ち消えとなっている。1908年に帝国議会の代議士により、日清戦争により日本領となった台湾が沖縄県を合併するという計画を提起した。この計画の意図は、当時の中央政府がもてあましていた沖縄県を台湾総督府の直轄にし、内地の負担を軽減させようとしたものであった。……」(ウィキペディア「南洋道問題」)

1章　コロニアルなオキナワ

ナワは、ほうりだされた植民地だったのです[26]。そして、だからこそ、琉球列島のひとびとの被差別感／劣等感／相対的剥奪意識は強烈だったし、一部の人士が過剰なまでの同化主義にはしったといえそうです。

## 1-3
## 「沖縄戦」前史から不動の不沈空母まで

さて、明治政府による琉球処分から60年ほどの植民地化をへたとき、オキナワは「戦世(いくさゆー)」をまぢかにむかえていました。さきにふれた『民芸』同人たちの来県（1940年）は、激烈な標準語励行運動の無理を批判したものですが、そのはげしさは、「皇紀2600年祝典」という「時局」的な総動員運動（「国民精神総動員」etc.[27]）と無縁ではありませんでした。他府県との意思疎通がままならない現状を放置しては、軍務につくことも困難だといった判断が、当時の内務省の末端としての沖縄県当局にもあったわけです。実際には、すでにのべたとおり、はげしい励行運動についていけない層はのこり、その一部は日本軍に不審視されたような実態だったわけで、成功したとは到底いえません。しかし、1941年くれに対英米の太平

---

[26] 実際には、柳宗悦ら『民芸』同人による沖縄訪問が「方言論争」（1940年）をひきおこすなど、若干注目をあびたが、それは一部文化エリートなどにすぎず、一般大衆にとって琉球列島は南海の孤島だった。第一次世界大戦で支配下においた委任統治領である「南洋群島」と連続性のある地域だったのだ。

[27] たとえば朝の連続テレビ小説（NHK）などで「戦時中」をえがくときに、かならずふれられる一連の独裁体制。戦後雑誌『暮しの手帖』を創刊した花森安治（1911-1978）らもかかわった、大政翼賛会の戦時標語「欲しがりません勝つまでは」などが象徴的。

洋戦争が開始するわけですから、ソ連を脅威としつつ国共中国軍[28]との戦闘をおもとしていた帝国陸軍の戦線から、一挙に南進論に重心がかたよっていく時局がありました[29]。真珠湾攻撃など当初に、その後の米軍の反攻をどの程度海軍がイメージしていたかはさだかでありませんが、実際米軍は帝国海軍をどんどんおしかえして西進、ついでフィリピン／台湾／琉球列島を戦略拠点としておさえて北上する進路をとっていくわけで、沖縄島は日米両軍にとっての決定的な地政学的ポイントと化していきます。

　最終的に日本軍が沖縄島を戦略的な拠点として本格的に位置づけたきっかけは、1944年7月に絶対国防圏の要衝マリアナ諸島が陥落したこととされています。当初大本営は1944年7月までに沖縄島での飛行場建設のために第32軍（南西諸島守備隊）を位置づけていましたが、航空基地として完成するまえに沖縄自体が機動部隊の攻撃をうけかねない状況がうまれたからです。大本営は関東軍や中国戦線から兵力を転用して32軍を18万余の大部隊へと大増強し、守備隊は一躍第一線陣地での「決戦」のための重要部隊へと変容しました。44年10月までに地上兵力と住民を総動員して飛行場建設

---

28　ここでは、盧溝橋事件（1937年）以降の「第二次国共合作」で国民党軍と共産党軍（紅軍＝中国人民解放軍の前身）の対日統一戦線をさす。

29　有名な「零戦（零式艦上戦闘機）」も制式採用直後は日中戦争に投入されたが、翌年には太平洋戦争に動員されるなど、1938年にはじまる重慶爆撃（戦略爆撃の嚆矢）等中国大陸中心の戦略は、戦艦／艦上戦闘機による海軍中心の戦略へと帝国の大戦略の重心が「南下」していった。アメリカなどによる経済封鎖に対抗して油田確保のために蘭印（現在のインドネシア）をうばいとるなど、第一次世界大戦後ドイツが支配していた委任統治領を継承しただけの時代とは異質な状況が展開していた。なお、琉球列島と「南進」論の関係については、ごとー（2015）参照。

に専心、南西諸島全体で15か所の陸海軍飛行場が完成しました[30]（やまだ1987: 100-2）。つづく10月10日には、那覇市街地などが消失した「十・十空襲」[31]がやってくるなど、沖縄島にかぎらず、沖縄県民にとっての「戦世（いくさゆー）」がはっきりとしたかたちをとりました[32]。

　大本営にとってはモジどおり「不沈空母」が確保できたわけですが、皮肉にも想定した航空戦にはほとんどやくたたず、沖縄島とその周辺ははげしい地上戦の舞台となってしまいました。守備隊の第32軍は、本土決戦までの時間かせぎとして自軍を「捨て石」とする戦略的持久戦をとり、米軍に対して水際作戦をとらず、あえてやすやすと上陸させ、徹底的に時間をくわせる戦略にうってでました。はやめに降伏する気がまったくないのはもちろん、全員玉砕するつ

---

[30] たとえば、米空軍基地嘉手納飛行場は、1944年の工事で設置された旧陸軍航空隊の中飛行場を整備拡張したものであるなど、旧日本軍の飛行場は米軍基地として再利用されたケースがある。

[31] 「**十・十空襲**（じゅう・じゅうくうしゅう）または**沖縄大空襲**（おきなわだいくうしゅう）は、太平洋戦争（大東亜戦争）後期の1944年（昭和19年）10月10日に南西諸島の広い範囲でアメリカ海軍機動部隊が行った大規模な空襲。所在の日本軍艦船などに甚大な損害を与えるとともに、那覇市の市街地の大半が焼失するなど民間人にも大きな被害が出た。……」（ウィキペディア「十・十空襲」）

[32] 旧陸軍航空隊中飛行場→米空軍嘉手納飛行場という経緯でもわかるとおり、動員された島民は、米軍占領下はもちろん、施政権返還後も、自分たちが作業した工事によって、米軍支配・戦争への加担を準備することとなった。たとえば北爆ほかアメリカ軍の出撃（「悪魔の島」とベトナム人からよばれた）も、1944年の飛行場工事と無縁ではなかったのだから。全軍労（米軍基地従業員の労働組合の連合体）がベトナム戦争反対闘争をくむなど、一見奇妙な反戦運動が発生するのは、米軍に支配されつつ依存せざるをえない宿命（帝国主義の被害者が帝国主義に加担するほかないというジレンマ）を自己批判的にとらえた労働運動といえる。

もりで、ひきのばし戦術をくりかえすのですから、南部戦線にまきこまれた非戦闘員は、まさに悲惨な状況においこまれました。沖縄戦の実体験は、「戦世」という伝統的表現に「軍は住民をまもらない（守備隊が死守するのは政府）」という近代的な意味での教訓まで付加してしまったのです[33]。

そして、住民まで動員して設営した飛行場は、米軍にうばわれそうになると、日本軍は破壊して撤収しました。しかし、米軍は沖縄戦後、あらたな基地建設をしただけでなく、日本軍が地ならししてくれた、もと飛行場を再生拡充して、現在の嘉手納飛行場など空軍基地・海兵隊基地を確保していきます。沖縄島を軸に、まさに不動

---

[33] ダークツーリズムのさきがけとして、海軍司令部壕（那覇市／豊見城市）や沖縄戦跡国定公園（糸満市／八重瀬町）など沖縄戦跡は、日本軍将兵／少年兵／従軍看護師たちが非業の死をとげた地として、センチメンタルでナショナリスティックな観光地と化してきたが（寺島尚彦作詞作曲の『さとうきび畑』の歌詞さえも、現地住民がこうむった戦災ではなく、日本軍将兵の鎮魂だと解釈する僧侶がいたほどである）、「平和ガイド」などが活動するように、基本は反戦平和学習・運動の素材／拠点としての価値が中心のはずである（戦友たちの遺骨収集団はともかくとして）。沖縄戦跡国定公園のなかの「国立沖縄戦没者墓苑」に18万余柱の遺骨が安置されているとか、「平和の礎」（ヘーワノイシジ）が国籍はもとより軍人／民間人の区別なく判明した犠牲者全員の氏名をきざむ祈念碑であるとかを考慮しても、慰霊／鎮魂の優先順位の第一が非戦闘員であり、つづいて従軍を強要された少年兵／少女看護兵や軍属だったことは、いうまでもない。その点で、山田朗が詳細に検討した「沖縄戦の軍事史的位置」は、無残なまでに住民を軽視し、端的に皇国至上主義で、必然的に皇軍のために資源化されるだけの現地という本質を露骨にうきぼりにするものであるし（やまだ 1987: 130-1）、よりミクロな視角から沖縄戦の実相をあきらかにしようとした、林博史「沖縄戦における軍隊と民衆——防諜隊にみる沖縄戦」は、住民動員の無慈悲さをまざまざとうきぼりにする（はやし 1987）。戦死者に感傷的な意味づけしかできない層には理解不能だろうが。

1章　コロニアルなオキナワ

の不沈空母群が完成したのです。

　結局、米軍の来襲を想定した要塞化は、物理的に地ならしを完成させるなど、実質的に米軍基地造成のための「地ならし」作業を意味してしまったわけで、戦後アメリカの属国と化す日本政府が、「ささげもの」として提供する結果をもたらしました。日本各地で反米闘争がもりあがり、米軍基地の維持が困難だと判断したアメリカ政府が、沖縄島などへの移転計画を実施していく過程は、帝国陸海軍が太平洋戦争末期にオキナワを要塞化／「不沈空母」化しようとしたくわだてをベース（基盤）としたものでした。オキナワ各地に「ベース」（Kadena Air Base etc.）が形成されていったのは、1940年代から日米両政府が現地を基地確保のために政治経済的に支配していく、軍事植民地の「リレー」を意味しました[34]。

## 1-4
### 戦後を予言した「天皇メッセージ」

　天皇は、帝国憲法において元首にして大権を有する絶対的統治者でしたが、日本国憲法へと「改正」されることにより、象徴とされ、国事行為という儀礼以外、公的にはおこなえないことになりました[35]。日本国憲法第4条が「天皇は、この憲法の定める国事に関す

---

[34] もちろん、横須賀の帝国海軍の施設がアメリカ軍に接収されて継承されるなど、オキナワ以外の各地も、旧帝国陸海軍の軍都が在日米軍に再活用されているなど、日本列島各地の軍関係の用地・市街地は、軍事植民地といえる。基地経済に依存させられる体質が政府のきもいりで醸成されてきた結果として、米軍による支配と依存を甘受する風土が用意されていたのだ。しかしオキナワには戦前軍都はなかった。

[35] 宮中祭祀については大半の憲法学者が「天皇が私的に執り行う儀式」と解

る行為のみを行ひ（行い）、国政に関する権能を有しない」と規定している以上、国政に影響をおよぼしかねない行為は一切さけねばならないはずです。皇室典範の改正が必要かなどと、天皇の「生前退位」を「お気持ち」として公式発表するだけでも論争がおこったほどですから。

　しかし、昭和天皇は、国政に影響をおよぼしかないどころか、憲法の規定をこえて外交関係に深刻な影響をおよぼしかねない暴走行為[36]を新憲法施行以降に何度もくりかえしています。そのひとつが、しるひとぞしる「天皇の沖縄メッセージ」（1947年9月）[37]です[38]。

---

釈。

36　いわゆる「天皇外交」など存在しないと結論づける議論もあるが（やぶき2014）、後述するように昭和天皇および側近が「非公式チャンネル」をたもち、在沖米軍を支持するような意思表示を米国にできたこと自体が深刻な問題だ。つまり、この事案は「天皇メッセージ」が米国の外交政策・戦略にどういった具体的影響があったかなど、そもそもうんぬんする必要などない暴走という位置づけを必要としている。

37　一般には「天皇メッセージ」としてしられる。進藤榮一（1939–，筑波大助教授＝当時）が米国国立公文書館で公開された文書を発見し、雑誌『世界』（1979年4月号）に「分割された領土」として発表（しんどー2002）。「天皇メッセージ」（『最新版 沖縄コンパクト事典』）、および「天皇メッセージ」『沖縄大百科事典』など参照。原文コピーは、以下で確認可能。「"天皇メッセージ"－資料紹介－沖縄県公文書館」（http://www.archives.pref.okinawa.jp/collection/2008/03/post-21.html）。

38　ちなみに昭和天皇は、安保条約成立にかかわるようなかたちで、きわめて重要な「天皇メッセージ」を1950年に米国に発している。ヒロヒトと側近たちは「非公式チャンネル」という、きわめて重要な政治的手段を確保していたのである（とよした1996）。沖縄の米軍基地存続とならんで、天皇たちは、あきらかな憲法違反をくりかえすという策動をやめていなかったし、それが戦後ずっと着目されず放置された政治的事実は深刻であ

「米国による沖縄の軍事占領に関して、宮内庁御用掛の寺崎英成を通じてシーボルト連合国最高司令官政治顧問に伝えられた天皇の見解をまとめたメモ」(沖縄県公文書館)で「米国による琉球諸島の軍事占領の継続を望む。」「占領は、日本の主権を残したままで長期租借によるべき」といった昭和天皇の意向がつたえられました[39]。分をわきまえない越権行為というか、あきらかな憲法違反というほかありません。

「天皇メッセージをめぐっては、日本本土の国体護持のために沖縄を切り捨てたとする議論や、長期租借の形式をとることで潜在的主権を確保する意図だったという議論などがあり、その意図や政治的・外交的影響についてはなお論争があります」と沖縄県公文書館の解題にはありますが、「潜在的主権を確保する意図」と「米国による琉球諸島の軍事占領の継続」は対立するものでないことはあきらかです。「25年から50年、あるいはそれ以上の長期にわたる」という、ヒロヒトの具体的提案は、米軍による半永久的利用をイメージしたものです。しかも、実際(日本の独立回復までの占領期をふくめれば)70年以上にわたって米軍基地が存続している経緯をみれば、まさに「天皇メッセージ」はオキナワの「戦後」を予言したようなものでした。1975年の沖縄島での海洋博覧会開催への臨席をさけ、皇太子(現天皇)を自分の名代とした昭和天皇[40]。琉球列

---

る。それは、黙認されてきた「皇室外交」などとはまったく異質な、政治的策動にほかならないからだ。「生前退位」だとか「女系天皇」など、皇室典範にかかわる発言をとがめだてる層は、これら一連の昭和天皇周辺の「非公式チャンネル」の方こそ、着目すべきであろう。

**39** http://www.archives.pref.okinawa.jp/collection/2008/03/post-21.html

**40** 「全国46都道府県を巡幸するも、沖縄巡幸だけは沖縄が第二次世界大戦終結後長らくアメリカ軍の占領下にあり、返還も1975年(昭和50年)

島を戦略上の拠点として手段視した姿勢は、米国を敵国としようが、同盟国（宗主国）と位置づけをかえようが、一貫しているといえます。ヒロヒトの個人的感傷はともかくとして、オキナワの左派ナショナリストからすれば、太平洋戦争当時から露骨な植民地主義者として昭和天皇がうつってもしかたがなかったでしょう。

　1947年9月＝新憲法施行直後に発せられた「天皇メッセージ」は、日本の保守層／エスタブリッシュメントたちはもちろん、おおくの国民に影響力をもちつづけた昭和天皇による米軍支配追認であり、その後の安保関連「メッセージ」とあわせると、あきらかに「ささげもの」「みつぎもの」視がみてとれます。「堪え難きを耐え」などと放送させた当人がマッカーサーらとよろしくやるように「豹変」し、親米保守へと転向するや、巨大な「不動の不沈空母」を、もと敵国＝同盟国（新宗主国）にプレゼントするというのです。

　である以上、もし「沖縄戦と米軍基地の集中とがセットではなく、

---

の皇太子訪沖の際にひめゆりの塔事件が発生したこともあり、ついに果たすことができず、死の床にあっても「もうだめか」と沖縄巡幸を行えないことを悔やんでいた」（ウィキペディア「昭和天皇」）とある。しかし、沖縄国際海洋博覧会の183日間の会期(1975年7月20日〜1976年1月18日)にもかかわらず、昭和天皇はアメリカのフォード大統領のまねきに応じて訪米したが、訪沖は具体的には検討されなかった。海洋博が施政権返還記念事業であり、皇族の訪沖は、沖縄戦の鎮魂と、つづく米軍支配下の労苦に対する慰撫が趣旨としてあったのはあきらかだったにもかかわらず、ヒロヒト自身が沖縄いりすることは、ためらいがあった（「時期尚早」観）とおもわれる。皇太子が火炎瓶をなげつけられるという「事件」が発生するという情勢自体が、「歓迎ムード一色」とは到底いえなかったことを象徴している。沖縄を一貫して「捨て石」としてあつかった大本営の第一責任者が「天皇メッセージ」を琉球列島の帰趨が判然としない「GHQ占領期」から発していたという報（1979年）は、「日本本土」とはことなり、おおきな反響をよんだことは、もちろんである。

1章　コロニアルなオキナワ

昭和天皇に全然責任がない」ととらえる人士がいれば[41]、それは「王党派」であるがゆえに自分たちの植民地主義に無自覚であるという結論をくだすほかありません。「戦世」を二度と招来させないという平和主義にとって、沖縄戦をもたらし、米軍基地の集中・長期残留をもたらした「象徴」としてヒロヒトはうつって当然でしょう。

一方「一の地方公共団体のみに適用される特別法は、法律の定めるところにより、その地方公共団体の住民の投票においてその過半数の同意を得なければ、国会は、これを制定することができない」とする憲法95条の規定と駐留軍用地特措法の改正（1996年＝沖縄に集中する米軍用地が違法化してしまうことを阻止するためにだけの「改正」）が露骨な地域差別＝95条違反であることを「護憲派」の現天皇は知悉しているでしょう。おそらく「衆参ともに、9割前後が賛成の圧倒的多数での可決だった」[42]という異様な状況で「改正」された経緯を、現天皇が「必要悪」として自明視しているとはかんがえづらい。2015年の安保関連法案の通過と同様に、親米保守である自民党と官僚層に保護されている自覚はあるものの、内心おだやかでないかもしれません。王党派をうそぶく自民党議員たちは、昭和天皇の意向は徹底的に忖度するふりをしてきたのに[43]、現天皇に対しては露骨に反旗をひるがえしてきたし[44]。

---

**41** 実際問題、自民党員や自民党支持者の大半は、そうなのではないか。

**42** ウィキペディア「駐留軍用地特措法」

**43** もっとも、A級戦犯が合祀されてから、一度も靖国神社にでむくことがなくなったヒロヒトの意向を無視しつづけたのが、自民党のタカ派議員たちであることも、みのがせない。かれらは、三島由紀夫と同様、昭和天皇をしかっているつもりだったのだろうか。解せない構図である。

**44** ちなみに、現天皇は、その誕生日をA級戦犯処刑日とされ、また天皇メッセージの意味も熟知しているはず。

## 1-5
## 「トリップワイヤー」としての在沖米軍

　ところで、みなさんの大半は、「(核兵器はともかくとして)在日米軍が自衛隊とともに日本列島を外敵からまもってくれている」と信じているかとおもいます。「政府やNHKをはじめとしたマスメディアもくりかえしているとおり、尖閣諸島周辺に官民の中国船が頻繁に出没しており、米軍が沖縄から撤退したらとられてしまいそうだ」といったぐあいに。

　しかし、尖閣諸島を中国海軍などが制圧しようとうごいたばあいに、米軍が前面にでて領土防衛をするという方針が確定したようにはおもえません。たとえば、つぎのような報道が、それをうらがきしているといえるでしょう。

> 「中国から攻撃あれば尖閣を守る」　米軍司令官が言及
> ワシントン＝佐藤武嗣　2016年1月28日11時29分
> 　米太平洋軍のハリス司令官は27日、ワシントンで講演し、中国が領有権を主張する尖閣諸島について「尖閣諸島が中国から攻撃されれば、米軍は同諸島を防衛する」と明言した。米国は尖閣諸島が日米安全保障条約の適用対象になるとの立場をとってきたが、「中国の攻撃」に言及し、米軍による尖閣諸島の防衛に踏み込んだ発言は異例だ。〔略〕〔『朝日新聞』http://www.asahi.com/articles/ASJ1X3166J1XUHBI00D.html〕

　この記事が示唆するとおり、米軍が尖閣諸島を安保条約の対象として同盟軍として責任をもつことは一貫して表明されてきたものの、「尖閣諸島が中国から攻撃されれば、米軍は同諸島を防衛する」と明言するようなことは、なかったわけです。

実際、「防衛省、対中有事シナリオ判明　尖閣占領から奪還想定」（『産経新聞』2011.5.9）という報道では、

>《(3) 南西諸島に武力攻撃》
>　中国が海軍艦艇を投入する。海自艦艇などは武力衝突に発展するのを恐れ海域を離脱。警察官も撤収する。間隙（かんげき）を突くように中国は米空母の介入も防ぐため宮古島や石垣島に武力侵攻する。この段階に至り防衛出動を発令、海・空自の艦艇や航空機を集結させ、米軍も展開する。陸自部隊は奪還作戦に入る。
>　このシナリオに基づき、3自衛隊は態勢を見直す方針。〔……〕

とあるように、「米軍」は、あくまで様子見のように、「展開」するにすぎません。

近年の「続報」について、少々ながいのですが、記事本文をはりつけます。

**尖閣有事、12年に研究案　日中緊迫受け　日米、奪還を想定**
共同作戦計画の素案に　朝日新聞2016.01.24
　自衛隊と米軍が2012年、民主党の野田政権下で、尖閣諸島での有事を想定した共同作戦の研究案を作っていたことがわかった。日中間の緊張の高まりを受けたもので、昨年4月に改定された新しい日米防衛協力のための指針（ガイドライン）に基づいて策定中の共同作戦計画の素案となっている。

　防衛省の複数の関係者が明らかにした。日米両政府は12年9月の防衛相会談で尖閣有事は日米安保条約の適用対象との認識で一致。研究案は共同作戦計画を「検討」するとした1997年のガイドラインに基づいて作られた。自衛隊と米軍の最高クラスの幹部が署名し、防衛・外務両相や首相にも報告された。研究案を含め、

共同作戦に関する情報は最高機密で、日本政府が明らかにしたことはない。

研究案の想定は、漁民などを装った武装勢力が尖閣に上陸して占拠するグレーゾーン事態から始まる。占拠から奪還までの作戦を4段階に分け、防衛省の統合幕僚監部と在日米軍司令部の幹部が組み立てた。「中国」や「尖閣」など直接的な名称は使わず、日米共通の符号で表記されている。

4段階は、(1)侵攻前に尖閣への上陸を予防するため艦艇や航空機で周囲の警備を強化 (2)小規模な武装勢力の上陸後は、日米が相手の増援部隊の接近を阻止し補給路を断つ (3)上陸した勢力に対し火砲や空爆などで総攻撃 (4)日米部隊が上陸して奪還――というもの。ガイドラインに沿って、自衛隊が「主体的に行動」し、米軍が「適切に協力する」という前提で作られている。

背景には、中国の東シナ海進出に対する日本側の危機感があった。尖閣周辺では10年、中国漁船が日本の巡視船に衝突。12年には香港の活動家が尖閣諸島の魚釣島に上陸し、14人が逮捕された。国有化後は、日中関係は一層緊迫した。

こうした情勢を受け、日米両政府は12年、97年のガイドライン改定の検討に着手。一方、自衛隊と米軍の間で尖閣有事対応の研究案作りが始まった。だが、民主党政権が12年末に退陣したため、本格的な作戦計画にはならず、研究案は「共同作戦計画のためのシナリオ研究のようなもの」(防衛省幹部)にとどまった。

作戦計画は、昨年11月の日米防衛相会談を受け、策定作業が始まった。研究案の内容も取り込まれる予定だ。集団的自衛権の行使など、安全保障関連法の施行で可能となる新たな部隊運用も盛り込む方針。日本の南西諸島などを舞台に「中国がより規模の大きな侵攻を仕掛けてくる事態」(防衛省幹部)に備えた内容をめざすという。

自民党政権にかぎらず、民主党（現・民進党）政権でも、日米合同軍による「有事」対策が具体的に検討されていたことがわかります。しかし、ここでも、「自衛隊が「主体的に行動」し、米軍が「適切に協力する」という前提で作られている」とあるように、米軍が前面にでて「用心棒」のような作戦をとってくれるわけではないことがわかります[45]。

　在日米軍を「用心棒」視する日本国民の「あまえ」。それはおそらく、「戦力をうばわれた」という、「おしつけられた憲法9条」イメージが共有されているからでしょう。民間の研究者による憲法案がGHQ案に影響したとか、衆参両議院で長時間審議をかさねたといった経緯をもって、護憲派は「おしつけ憲法」論を否定します。たとえば最近の、日韓核武装容認論（トランプ共和党大統領候補）

---

[45] しかも、民主党政権崩壊後、自民党政権が作戦計画を継承したわけではないようだ。「共同作戦計画のためのシナリオ研究のようなもの」と防衛省幹部が回答しているのも、別に現在の計画を秘密裏にすすめるための隠蔽・カムフラージュではないだろう。安保法制が整備されないと具体的に連係がとれないのであれば民主党政権下ですすめられたはずもないので、「集団的自衛権の行使など、安全保障関連法の施行で可能となる新たな部隊運用」をできるよう機の熟すのをまったともかんがえづらい。「中国の東シナ海進出に対する日本側の危機感があった。尖閣周辺では10年、中国漁船が日本の巡視船に衝突。12年には香港の活動家が尖閣諸島の魚釣島に上陸し、14人が逮捕された。国有化後は、日中関係は一層緊迫した」とあるが、それほど危機感がつのっていたのなら、安保関連法の施行をまつことなどできなかったはずだから。つまり、防衛省幹部や自民党政府は、危機感を強調するのだが、ことをいそいでいないことをみても、基本的には日米両政府とも事態を楽観的にとらえているとおもわれる。ちなみに、米国はタテマエだけだが、尖閣諸島の「領有権問題」に関し戦後一貫して「中立」を表明してきた（とよした2012）。

を批判するためにアメリカの政府高官が「私たちが(日本を)核武装させないための日本国憲法を書いた」と発言した[46]ことに対して、日本の野党代表(岡田克也民進党代表)が「不適切」だと批判したケースもふくまれるでしょう[47]。「(GHQが)草案を書いたかどうかというよりは70年間、日本国憲法を国民が育んできた事実のほうがずっと重要なことだ」といった歴史認識は正論です(ラミス1987 ほか)。

　しかし、右派ナショナリスト(安倍晋三首相etc.)など自主憲法制定を党是とするような右翼分子はもちろん、9条改憲を是とする保守層にとって、「自衛力をもちえても対外戦争を可能とする戦力はもてない」とか「国際社会との連携をとるにしても集団安全と称して派兵するのは憲法違反のうたがいがある」といった解釈しか困難な憲法9条は、「あしかせ」「くびわ」のたぐいにしかみえないはずです。ながきにわたって集団自衛権を事実上抑止してきた内閣法制局長官らの見解に対して「禁治産者」あつかいするものだ、と

---

[46] 「〈米国〉バイデン副大統領「日本国憲法、米が書いた」」(毎日新聞 2016.8.16)

[47] 「〔……〕岡田氏は「核兵器を持つべきではない」と断った上で、「最終的には(日本の)国会でも議論して(現行憲法を)作った。米国が書いたというのは、副大統領としてはかなり不適切な発言だ」と述べた。
　岡田氏は現行憲法に核兵器の保有を明確に禁止する条文はないと指摘し、バイデン氏の発言について「ご自身が憲法の条文まで踏まえて発言したものではないのではないか」と疑問を呈した。同時に「(GHQが)草案を書いたかどうかというよりは70年間、日本国憲法を国民が育んできた事実のほうがずっと重要なことだ」と強調した。」(「民進・岡田代表「米国が書いた憲法とは、不適切な発言だ」　バイデン米副大統領を批判」産経新聞 2016.8.18)

いった解釈(安倍晋三[48]／西村眞悟[49])こそ、「おしつけ憲法」論であり、自主憲法制定派のホンネです。端的にいえば、完膚なきまでに帝国陸海軍をたたきのめした米国は、憲法9条という「くびき」を課す[50]ことで帝国日本という国体を完全に破砕＝去勢したと。

「禁治産者」とは、民法上の身分概念(制限行為能力者の一種)であり、現在では民法改正で「成年被後見人」とよばれるようにかわりましたが、成年にあたえられた財産処分権など基本的人権享受の資格をそなえていない、つまり未成年に準じて、法的な保護者(弁護士等)を必要とする存在なのだという位置づけです。安倍／西村らの「禁治産者」[51]よばわりとは、まさに、「利害関係人」たる国連安保理常任理事国等や被害国からのもうしたてをうけて、家庭裁判所のような存在としての米国に「成年被後見人(＝制限行為能

---

48 「「日本は禁治産者か」安倍氏、集団的自衛権解釈を皮肉る」(朝日新聞 2003.05.27)

49 「これからが総理大臣の正念場・男子の本懐」(『西村眞悟の時事通信』No.410 平成21年2月18日号)

50 極右勢力にとってみれば、帝国陸海軍を解体させられ、天皇が元首としての地位をうばわれた2点で、すでに国体の変革そのものを意味する。だが広義の憲法といえる皇室典範の規定から側室制度が排されたことも男系天皇の継承が困難になる致命的な欠陥としてうつったであろう(「皇室典範に関する有識者会議(第6回)議事次第-首相官邸」http://www.kantei.go.jp/jp/singi/kousitu/dai7/7siryou3.html)。戦前の皇室典範の規定にもかかわらず、大正天皇／昭和天皇と2代つづけて皇位継承権者たちはみずから側室をうけつけず、一夫一婦制というキリスト教的規範を一世紀以上にわたって甘受したのが19世紀末以来の「現代皇室の伝統」となっていた。皇后以外とのあいだの庶子を当然視するとなれば、当然男女平等をうたった日本国憲法の理念と衝突するのであり、側室制度の復活など本来ありえなかったのだが。

51 1999年以降は、呼称が廃止されていることに注意。

力者)」の宣告をうけたことにひとしいのでしょう。「独立国なら普通に行使できる軍事行動がとれない」というインポテンツ[52]状況をしいられているのだから。

それはともかく、現実問題として、在日米軍が世界のなかでも突出しているのが日本列島であり、広大な軍用地が確保され膨大な人員が配置されている事実は明白です[53]。そして、軍用地面積のお

---

52 インポテンツ（ドイツ語：Impotenz）は、「現在の日本においてはその正確な表現として勃起不全、または英語の Erectile Dysfunction を略して ED（イーディー）と呼ばれることが多い」（ウィキペディア「勃起不全」）わけだが、S・フロイトが男児の去勢不安や結婚生活での心因性の勃起不全を課題とかんがえていたことをみても、男性性にとって男性機能の象徴的含意はちいさくない。そして、銃剣など突起物系の武器がファルスの象徴とされる解釈は、フロイトの『精神分析入門』や『夢判断』などで提示されている。もちろんフロイトの解釈／分類は恣意的かもしれない。しかし、男性性の強調が暴力性をふくめた身体能力や心身の闘争力（それにともなう女性からの称賛等評価）の誇示とセットであることはまちがいない。その象徴は（財力・知力などをのぞけば）物理的攻撃を想起させるものが主軸となる点は異論がないだろう。たとえば、前述した銃剣など突起物系武具、ミサイル／ロケット砲や戦車／放水車など発射／噴射装置、球技／格闘技など競技スポーツなどである。これらが、ライバルの排除や異性・同性への性暴力を暗示させることは明白だろう。突起物の屹立や攻撃（突入・打撃・穿孔・砲撃 etc.）が、男性器の機能と心理的連合をもっていることも、いうまでもない。

性的不能とは、武器の不備、戦意喪失による攻撃力の欠落など、戦士をイメージとしてせおう成人男性の「落伍」「挫折」を暗示する。そして、本来的にホモソーシャルなナショナリスト男性にとって、武装解除とは、外敵への反撃をもってオンナこどもをまもれなくなるという含意はもちろん、ライバル排除による係争中の領土獲得も「不能」となる屈辱的な事態なのである。

53 『横田基地撤去と基地被害をなくす共同行動連絡センター』の「在日米軍基地とは」を一部転載する。

1章　コロニアルなオキナワ

そ4分の3が沖縄島・伊江島に集中し、しかも米海兵隊の大半がこの2島に配備されている現実は異様というほかありません。なぜなら、①「世界最強の用心棒」として期待されているだろう在沖米軍は、ちまたで喧伝<small>けんでん</small>され、また信じられてきたような配備目的をそもそももたされていないし、極東有事はもとより、日本列島や琉球列島防備のための配備ではありません[54]。②しかも、喧伝されてき

---

> 「〔……〕実は米軍の部隊編成で「在日米軍」という部隊は存在しないのです。では「在日米軍」とは何かといえば、「米軍であって、日本の領土・領空・領海に存在するもの」をいうのです。従って、日本の領域から離脱するとその米軍は「在日米軍」ではなくなります。〔……〕
> 　これらの部隊にはそれぞれ直接にその部隊に対して指揮権を持つ司令部が存在しており、軍としてのオペレーションはその上部司令部の指揮の下に実施されているのです。たとえば第5空軍は米太平洋空軍司令部（ハワイ）の指揮下にあり、第7艦隊は米太平洋艦隊司令部（ハワイ）の指揮下にあります。ですから指揮権がそれぞれ違う諸部隊が日本に「混在」しているというのが実態です。これらの諸部隊に対して在日米軍司令官は指揮権を持っていません。ですから在日米軍司令官はこれらの部隊間の調整が一つの任務となります。
> 　また、日米地位協定の運用上の問題が起これば（たとえば事件、事故）、その対処が任務となります。この点で在日米軍全体のトップとして、在日米軍を代表しているのです。さらに外交的には国務省の在日米大使がアメリカ合衆国を代表しますが、その意味でいうと在日米軍司令官はペンタゴン（米国防総省）の代表ということになります。
> 　また通常は在日米軍全体のオペレーションについて指揮権はないと述べましたが、例外的に、純粋な形態での「日本有事」の場合には、在日米軍司令官は日本に駐留する米軍全体に対する指揮権をもつとされています。しかし、こうした事態はこれまで一度もないのが現実です。」
> 　　　(http://www16.plala.or.jp/santama-roren/yokota/text/g/zainitibeigun.htm)

54　防衛省自体は、在沖海兵隊の役割を、つぎのように主張している。
　「1　米海兵隊の沖縄駐留の理由
　　〇沖縄は、米本土やハワイ、グアムなどに比較し、東アジアの各地域に

た「尖閣有事」(沖縄の危機)に特化したかのような2島への偏在が、なにより地政学的にナンセンスだからです。さらには③「思いやり予算」などをもって、米軍ひきとめに必死な日本政府(外務省／防衛省)があるから、イヤイヤおつきあいをしているだけ、という米軍がわ幹部のホンネさえあり、冷戦終結後の国際情勢もあって、沖縄戦直後やベトナム戦争当時の文脈は完全に消失してしまった現実があるのに、政府は必死に事実をひたかくしにしているからです。

　まず誤解の第一として、在沖米軍は、尖閣諸島死守のために配備されていません。オスプレイなど最新兵器を配備した海兵隊は、いかにも尖閣有事に即応する部隊のようにみえますが、そもそも、在

---

　　対し距離的に近い。
　　→この地域内で緊急な展開を必要とする場合に、沖縄における米軍は、迅速な対応が可能。
　　○また、沖縄は我が国の周辺諸国との間に一定の距離を置いているという地理上の利点を有する。
　　**2　在沖米海兵隊の意義・役割**
　　○在沖米海兵隊は、その高い機動性と即応能力(※)により、我が国の防衛をはじめ、06年5月のインドネシアのジャワ島における地震への対応など地域の平和と安全の確保を含めた多様な役割を果たしている。
　　→　地理的特徴を有する沖縄に、高い機動力と即応性を有し、様々な緊急事態への一次的な対処を担当する海兵隊をはじめとする米軍が駐留していることは、我が国及びアジア太平洋地域の平和と安定に大きく寄与。
　　※海兵隊は、訓練時や展開時には常に全ての戦闘要素(空、陸、海)を同時に活用しており、各種事態への速やかな対処に適している。」(防衛省「在日米軍及び海兵隊の意義・役割について」、平成22年2月、http://www.mod.go.jp/j/approach/agenda/meeting/seisakukaigi/pdf/07/1-5.pdf)
　　しかし、米軍幹部は、その地政学的意義を事実上否定している。そもそも在沖海兵隊は、佐世保の海軍にその輸送をゆだねており、極東有事に対して即応態勢にはないし、中国からのミサイル攻撃の射程内にあるため、本質的な脆弱性をかかえているとされる。

沖米軍のうち海兵隊は中東有事のために配備された組織です。おどろくなかれ、台湾有事や朝鮮有事のための即応部隊ではないし、尖閣をふくめた琉球列島周辺を防衛する目的をもたされてもいない以上、「日本本土」に仮想敵国がせめこむといった事態に対して在沖の海兵隊は、ほとんどナンセンスです（移動には海軍の佐世保艦隊基地隊に依存するので、即応しようがない）。防衛省「在日米軍及び海兵隊の意義・役割について」をごく普通によめば、そこで仮想敵国とみなされているのは、ロシア・朝鮮・中国としかよめません（米韓台はどうみても反日勢力とは位置づけられていないはず）。そうであれば、石垣島あたりから北海道にかけて、おもに東シナ海／日本海／オホーツク海むけに米軍基地が配備されなければならないはずです。しかし、実際には、本州の日本海側には米軍は配備されていません。仮想敵国の設定上、西方から侵攻があると想定するのが自然なのに、米軍基地は対応していない。しかも、日本海方面の海岸線には原発銀座が点在する。これだと、日本海方面は防衛の必要がないか、あるいは、矢吹丈（『あしたのジョー』）の「ノーガード戦法」のように原発テロなどをふくめたハイリスク戦略をあえてとっているか、さらには敵軍が日本海方面から侵入しても、太平洋岸の米軍基地にせまるまでには相当な時間がかかるので、自衛隊による即応で時間をかせぎ、適宜反撃すればよいといった戦略かでしょう[55]。

---

[55] 護憲派など社会民主主義勢力による非武装中立論を「お花畑」などと侮蔑した、自称「現実主義者」が保守派や右翼にはおおいが、日本海の海岸線に米軍が不在であること（自衛隊基地は陸海空とも点在）と、原発銀座が日本海側に集中する点を危険視するものはほとんどない。原発テロなどの懸念をあおるのに、実に不可解である（「ミサイル防衛と原発」の奇妙な関係については、とよした (2012: 210-9)）。

第二の誤解として、総面積中4分の3もの偏在をしめす在沖米軍の合理性への妄信があげられます。前項でのべたように、日本海方面からの侵攻を重視せず、中国による尖閣諸島占拠とそれにつづく琉球列島の制圧・北上といったシナリオを最優先しないかぎり、ありえない配備なのです。まさに、地政学的な常識をうらぎる、あまりに偏向した戦略というほかありません。そもそも、在沖海兵隊は中東有事に対応するための訓練（前述の防衛省の資料によれば、「③洋上での即応態勢」の準備段階としての「②練度維持のための訓練」）として配備されているのであって、「沖縄は、米本土やハワイ、グアムなどに比較し、東アジアの各地域に対し距離的に近い。→この地域内で緊急な展開を必要とする場合に、沖縄における米軍は、迅速な対応が可能」だとか、「沖縄は我が国の周辺諸国との間に一定の距離を置いているという地理上の利点を有する」といった地政

---

　　自衛隊を日本海方面の盾とする戦略は米軍の世界戦略からみて合理的だ。ただし、極東での封じこめ戦略の最終防衛ラインという意味で、日本列島（＝自然の要塞）を防衛する実力部隊と位置づけられているにすぎない。たとえば日本海沿岸各地に敵軍が拠点を確保したにせよ、大部隊の日本列島の縦走など、太平洋沿岸の米軍基地に陸路での攻勢をかけるには時間がかかる。在日米軍にとっての「日本有事」は、短期戦で横田（空軍基地）・横須賀（海軍基地）など首都圏周辺の拠点さえ維持できれば充分であり（ミサイル攻撃等も想定内として）、日本海沿岸に敵軍の戦略拠点が堅牢に構築されないよう空爆をくわえるとか第七艦隊で洋上から攻勢をくわえることで、中期的に敵軍拠点を排除できると計算しているだろう。
　　いずれにせよ、これらシミュレーションに日本列島・琉球列島全域を「死守」する意思など不在だろうことも容易に予想がつくはずだ。あくまで敵軍を西太平洋に進出させないという封じこめ戦略上の優先順位にもとづき、たとえば日本列島・琉球列島を縦断する中央線を防波堤とする構想の一環として首都圏周辺の戦略拠点も位置づけられているとおもわれる。米国大使館関係者などの安全確保はともかくとして、同盟国日本の人命・財産は、「緊急避難」的には壊死部分のようにきりすてられるだろう。

学的合理化はナンセンスなのです。注54にあるとおり、海兵隊幹部はグアムなどに撤退した方が日本海方向からのミサイル攻撃等のリスクを軽減できるという判断を公表していますし、そもそも「東アジアの各地域に対し距離的に近い」といった理由で配備されているのではないのですから。

　第三の誤解としては「アメリカ政府は地政学上・財政上、在沖米軍死守を前提にしているだろう」というおもいこみがあります。もちろん冷戦構造下では、沖縄島は地政学的に重要な「要塞」でした。中国共産党と対峙する台湾の国民党政権をサポートする。あるいはベトナム戦争で北爆等を展開する重要拠点として。しかし、ベトナム戦争がおわり、米中関係が劇的に改善し、ソ連が崩壊したのち、沖縄島周辺を戦略拠点として死守する必然性は消失しました。すでにふれたミサイル攻撃の懸念や、民間人居住地がちかすぎて訓練実施に不便であるなど、軍用地確保や駐留経費コストのひくさなど以外、在沖米軍の幹部はメリットをみとめていません[56]。近年では「思いやり予算」をはじめとして、在沖米軍死守を前提にしがみついているのは防衛省や外務省など政府・自民党です[57]。

---

[56] 同時に、あまりに気まえのよい経費負担と広大な面積の供与、そして米軍最優先の超法規的優遇に対して、《世界一気まえのいい国家》とみなされているのは、しるひとぞしる事実だ。それでも、「まもってやっている」といった傲慢な正当化と、被害妄想ともいうべき負担感を共有するアメリカ国民の錯覚は修正されずに放置されるだろう。「アメリカ・ファースト」こそ「国是」だからだ。

[57] 「「思いやり予算」以外にも、日本が拠出している在日米軍関連経費は存在する。防衛省公式サイトの「在日米軍関係経費（平成26年度予算）」によれば、平成26年度の在日米軍関連経費の内訳のうち、いわゆる「思いやり予算」は1,848億円であるが、それとは別に、
　・基地周辺対策費・施設の借料など1,808億円

これら「誤解」「錯覚」をもとにした在日米軍、とりわけ在沖米軍の自明視・不可欠視ですが、アメリカ政府による積極的画策がないとすると、日本政府やマスメディアによる宣伝工作でやすやすと国民が洗脳されてしまったのは、どういったカラクリでしょう。

　実は、日本国民の大多数にはふたつの防衛機制があるとおもわれます。その第一は日本全域を灰燼に帰させた本土空襲と、原爆投下というトラウマがもたらした「ストックホルム症候群」です。ヒトは監禁事件など極度の危機においこまれると、加害者からの攻撃をかわそうとする防衛本能が発動されるらしく、自分を拘束している犯人に対する愛着（過度の同情／好意）をおぼえたりすることがしられています。米軍による戦略爆撃や原爆投下は、あまりにも圧倒的に残酷だったために無力感がうまれ、その反動で「圧倒的存在であるアメリカがすき」という国民意識がひろく醸成されていたことは、GHQによる占領下での卑屈としかいえない親米的態度でうかがえます。そして、それをいまだに卒業できずに屈従的な政治姿勢を一貫して維持しているのが外務省／防衛省と歴代自民党政権といえるでしょう。民主党政権も大差ありませんでしたが、貿易問題や歴史認識（従軍慰安婦問題や、おしつけ憲法論など）などはともかく、日本の与党が一貫して米国政府の意向をくんで右往左往するさまは、「米国には所詮かなわない」「米国をおこらせると、なにをされるかわからない」という無力感／恐怖感の産物であり、実は選挙

---

　・沖縄に関する特別行動委員会（SACO）関係費 120億円
　・米軍再編関係費 890億円
　・提供普通財産上試算（土地の賃料）1,660億円（防衛省の予算外、25年度資産）
　・基地交付金 384億円（防衛省の予算外、25年度予算）
　が存在する。」（ウィキペディア「思いやり予算」）

民たる日本人の圧倒的多数のホンネの所産なのです。米国政府は、DV夫ほどの自己嫌悪さえ表出することなく、一貫して保護者づらして懲戒をくりかえしているつもりです。丁度、「シツケをしているだけ」とうそぶく虐待者と同形ですが、「被害者」たる日本人のおおくは（すでにのべた「おしつけ憲法」イメージ以外）、「自分たちがまちがっていた」と「反省」をくりかえすばかりなのです。そして、ますます「米国との不変の同盟関係の死守」という、事実上の屈従を甘受する構図へと回帰していきます。

第二の防衛機制は米軍に支配されている日本列島という屈辱を抑圧した反動でうまれたある種ずるがしこい「トリップワイヤー」論です。日本人のおおくにとって、米国の「核の傘」がどの程度の意味があるかはともかく、世界最先端の技術と突出した軍事費を維持する米軍さえとりこめば、「鬼に金棒」なのです。つぎにあげるのは、朝鮮半島情勢の変化に対応しようとした米軍の再編成の報道(2003.06.21) の一部です。

**米艦隊情報拠点を三沢に移転　北朝鮮情勢に対応**

〔略〕

**◇抑止力低下懸念　韓国**

今月4、5の両日、在韓米軍司令部のあるソウル・龍山基地に隣接する韓国国防省で、米韓同盟の将来構想に関する政策協議が行われた。韓国側から車栄九（チャヨング）国防省政策室長、米側からローレス国防副次官補らが出席し、北朝鮮をにらんだ在韓米軍の再編成問題が大筋で合意した。

合意されたのは、龍山基地と南北軍事境界線近くの最前線に展開する米陸軍第2歩兵師団の後方地域への移転だ。ソウルを流れる漢江以北の十数カ所の基地に分散配置されている第2師団は、いったんソウル北郊の東豆川などの主力部隊の基地に集約。その

後、ソウルの南約45〜60キロに位置する烏山・平沢と、南部の大邱・釜山に移転させることになった。

　韓国側が懸念するのは、北朝鮮軍が侵攻してくれば真っ先に衝突する位置に配備され、「トリップワイヤ（米軍が自動的に参戦する仕掛け線）」と位置づけられてきた第2師団の後方移転だ。第2師団が移転すれば、北朝鮮への抑止力が低下する。韓国側は、北朝鮮の核問題が解決するまで移転論議を先延ばししたい考えだったが、米側は「トリップワイヤのような古い概念からは抜け出すべきだ」（ウルフォウィッツ氏）と押し切った。

　在韓米軍は04年から3年間で、地対空ミサイル「パトリオットPAC3」などの最新兵器を導入し、その代わり南北軍事境界線に張り付けていた兵力を撤退させる。新しい在韓米軍の作戦概念は、北朝鮮の長射程砲を徹底的に破壊して、ソウルへの攻撃を不可能にするという作戦だ。

　ソウルの軍事筋は「ノドン・ミサイルを考えれば、もはや在日米軍もトリップワイヤだといえる。第2師団を近代化するには集約が不可欠。米軍としては、大きな犠牲を払うことが目に見えている最前線に置いておきたくないという気持ちもあるのだろう」と話す。韓国では先制攻撃を辞さない「ブッシュ・ドクトリン」を掲げる米国への不信感から、米軍が北朝鮮への限定攻撃に踏み切りやすくなるという懸念も出ている。［毎日新聞2003.06.21］(http://www.asyura.com/0306/war35/msg/980.html)

　少々わかりづらいかもしれませんが、「トリップワイヤ（米軍が自動的に参戦する仕掛け線）」とあるように、すくなくとも韓国政府は在韓米軍前線を敵軍（朝鮮人民軍／中国人民解放軍）に対する自動反撃装置のような位置づけをおこなっていることがわかります。

さらに、日本政府は自国には無関係をよそおっていますが[58]、すくなくとも韓国がわには、在日米軍までもが「仕掛け線」にうつるわけです。実際、日本列島がミサイル攻撃の対象となったら、米軍基地／大使館はもちろん、列島上の米国民に危害がおよぶ可能性がある以上、米軍が即応するだろうと「期待」されているだろうことは確実です。米軍が再編をふくめて、前線から後方へ移転したがっているのに、韓国政府がひきとめにかかっているのと同様、日本政府も「思いやり予算」ほか、さまざまな便宜をはかることで在日米軍を「千代に八千代に」常駐させようとしているわけです。

グアムにひきさがることを再三検討してきた米軍が、沖縄に異様

---

[58] 「冷戦期の在外米軍の配置は欧州と北東アジアを主体とするもので、戦うべき敵と戦場が明確に想定できた。欧州では東西両ドイツを挟んで守備すべき前線があり、当時の西ドイツには数十万の米軍兵力が半ば恒久的に張り付けられていた。そしてその態勢は全体として東側からの侵略を抑止し、防衛する、防御的性格のもので、紛争生起の際に米国の自動的な介入を担保するトリップワイヤーとしての機能も有していた。冷戦の終焉により欧州では、こうした前線は消滅し、トリップワイヤー機能も不必要なものとなった。そして、90年代を通じて在欧米軍の戦力も大幅に削減された。しかし、在欧米軍の旧西ドイツを中心とした配置と重戦力を主体とした戦力構成は、冷戦期の遺産として残っていた。欧州におけるGPR（Global Posture Review; グローバルな態勢みなおし―引用者注）は、こうした態勢の見直しが主眼となる。

他方、東アジアは欧州と異なり、冷戦後においても、朝鮮半島および台湾海峡で大規模な紛争が生起する可能性を排除できない。また南沙諸島をめぐる南シナ海での領有権争いも紛争要因となる蓋然性が高い。朝鮮半島では今日でも、朝鮮戦争休戦時以来、非武装地帯（DMZ）を挟んだ南北の対峙が続いている。従って、北東アジアでは、特に在韓米軍の配置の見直しに当たっては、GPRは、米軍撤退を予兆させるようなシグナルを与えないために、抑止力を維持強化する措置がとられることになっている。」
(防衛庁防衛研究所編集『東アジア戦略概観』(2005年版)「第7章　米国―21世紀の国防態勢構築を目指して」)

に偏在するかたちをとってきた経緯とは、日本政府が昭和天皇の遺志(天皇メッセージ)をつぐかのように在沖米軍を永続化させた構図のうえに、日本各地でくりひろげられた反基地闘争の「ガスぬき」とが合流したといえそうです。実際、現在の北富士演習場(山梨県)と岐阜基地(各務原市)には、第三海兵師団が駐留していたのに、はげしい反基地闘争をかわすため1956年2月から沖縄に移動を開始した[59]などが典型例です。海兵隊の演習などが、岩国をはじめとした「本土」の自衛隊基地・演習場等でもおこなわれるという案が浮上するとはげしい反対運動がおこります。実際には、「有事」等を勘案した地政学的計算では、沖縄は非常に位置づけがひくく、「本土」が適しているといった試算も浮上するのにです。

　たとえば、先年の報道を紹介しておきましょう。

> 「〔……〕佐世保の海軍基地(自衛隊もある)に配備されている艦船と合わせて、機能を集約できる。九州には自衛隊の訓練場がいくつもあるので、狭くて演習の制限が多い沖縄にこもるよりも条件がいい。また、佐賀空港から強襲揚陸艦の母港である佐世保までは55キロメートルと近い。同空港は滑走路は有明海に面しており、ヘリコプターは海上を飛べば騒音問題も少ない。
> 
> **北朝鮮有事でも、沖縄より佐賀が有利**
> 
> 　また、自衛隊にとっても、陸上自衛隊西部方面隊総監部がある熊本県・健軍駐屯地まで58キロメートル、近場には福岡駐屯地が45キロメートルの距離にある。実際に演習場も近く、西日本最大の日出生台演習場(大分県、4900ヘクタール)まで98キロ

---

[59] 「【日本はどこへ】第五回 海兵隊の源流　本土猛反発で沖縄へ　憲法及ばす基地増設」(47NEWS, 2011.06.29, http://www.47news.jp/47topics/dokohe/5.html)

メートル。自衛官と海兵隊員が寝食を共にしながら共同訓練することも可能だ。

　沖縄本島の延長120キロメートルを半径にして、佐賀空港を起点に円を描くと、九州中北部に演習場、港、駐屯地の全機能がすっぽり入るという。小さな沖縄と比べて広い演習場がある九州なら、海兵隊も十分に訓練して、自衛隊との「インターオペラビリティ」(相互運用性) も高めることができる。しかも、日本が最も脅威を感じる北朝鮮に対しても、佐賀空港との距離は760キロメートル。沖縄からの距離1400キロメートルのほぼ半分。まさに、ナイス・ロケーションである。

　だが、日本政府はこの提案をしたときに「黙って聞いているだけで何も反応がなかったと(米外交官に)聞いた」(屋良氏)。それ以後は話題にもならず、「その後の取材でも佐賀空港について耳にすることはなかった」と屋良氏(もと「沖縄タイムス」記者──引用者注)は振り返る。

　武田副大臣は、「なぜ佐賀なのか」という質問には、「地理的な要素、環境面、運用面などなど、総合的に判断した結果」と記者会見で述べた。また、沖縄の基地負担軽減についても、「(移転先として)可能性のあるさまざまな地域を検討してきたが、(前述のような理由を元に)佐賀空港がベストと判断した」と話す。〔……〕」[60]

しかし、想像したとおり、じもとでははげしい反発がわきあがりました。

---

[60]　「自衛隊「オスプレイ」、佐賀空港配備の裏側　基地の佐賀移転はすでに米国側が提案していた」(『東洋経済ONLINE』2014.07.24)

### オスプレイ配備「絶対反対」 佐賀空港の周辺住民が集会

(朝日新聞2016.3.27)

　佐賀空港（佐賀市）への自衛隊オスプレイ配備計画をめぐり、空港周辺の住民でつくる「佐賀空港への自衛隊オスプレイ等配備反対地域住民の会」が27日、空港近くの同市川副町で「絶対反対決起集会」を開いた。約2千人（主催者発表）が集まり、計画の撤回を求めて声を上げた。

　住民らによる大規模集会は昨年6月に反対を打ち出した時以来。防衛省が求める空港隣接地の現地調査を土地所有者らが所属する佐賀県有明海漁協が拒否する一方で、県議会が計画についての議論を促す決議を可決。地元経済団体が県や佐賀市に配備受け入れを要望するなど、推進の動きも活発化している。

　住民の会の古賀初次会長はあいさつで「このまま黙っていると基地化の動きが加速する。住民と漁民が手をつなぐなら負けない」と訴えた。集会では、空港の自衛隊との共用を付属文書で否定した公害防止協定を、県が順守することなどを求めた決議を採択した。


　沖縄で海兵隊による凶悪犯罪が発生したときに報じられる反発にまれにしか反応しない「本土」メディアと、それを当然視してきた読者たち。かれらが日米安保死守論を支持して自民党や民進党などに投票してきたなら、こうした反対運動の正当性はどこにあるのでしょう。沖縄にいくと紳士になる米兵、安全になる米軍機があり、佐賀など「本土」にくると、急に危険な存在に変貌するとしたら、まるで2流のドラマのような奇怪な現象ですね。それとも、「悪魔は沖縄島／伊江島に封印」ということでしょうか？　それもまた奇怪な安全保障論ですね。

　いずれにせよ、1995年の凶悪事件以降、普天間飛行場の返還が

議論されながら、まったくといっていいほど交渉が進展していない経緯。それを、辺野古への新基地建設に反対する勢力が邪魔をしているかのような日米政府の論理は、完全に破綻しています。そして、そういった米軍基地永続に批判をくわえない国民は、自覚の有無にかかわらず植民地主義を実践してきた「共犯者」というほかありません。その際、事情をしりながら沈黙してきたなら、イジメの傍観者と同質です。また、「政府などがふせてきたからか、気づかなかった」と、いいわけするのなら、「(政府/軍部などに) 洗脳されていたから」といった理由で戦前の植民地支配や戦争犯罪などついて免罪がなされないのと同形です。アジア・太平洋・欧米人などの戦争被害者が、「当時の日本人は事実をしらされていなかったから、しかたがない」と、みずにながしてくれないように、「1995年までは政府が米軍基地問題をふせてきたので、ナイチャーが無知でもしかたがない」とは沖縄現地はとりません。まして、95年以降普天間飛行場返還問題が充分政治化した以上、「しらない」は全然とおりません。「シランフーナー」(＝しらんぷり派) とのオキナワからの指弾 (ちにん 2013) は、保守政治家や官僚はもちろん、メディア関係者や大学教員なども大半が甘受するほかないはずです。

# 2章
# コロニアルなオホーツク

**本章のあらまし**

メディア上やネット上でくりかえし話題化する「北方領土」問題であるが、そういった戦後処理の清算問題＝レコンキスタのまえに、そもそも「北海道」成立自体が典型的な植民地化の産物なのであった。いいかえれば、幕末前後からの「日ロ」関係とは、オホーツク海周辺についての植民地化競争だったのである。欧米列強など帝国主義国の国民たちが総じて植民地化される現地住民に対して徹底的に鈍感だったのとおなじく、日ロ両国民もオホーツク海周辺の狩猟採集民の心情について終始無頓着なままだった。「北方領土」問題にからんで、アイヌ民族等の歴史は完全に黙殺されたままだし、各種の条約締結や現地住民の処遇（動員／強制移住 etc.）についても、なんら考慮されることなどなかったといってよいことは、歴史教育ひとつみても歴然としているであろう。「北方領土」問題で千島列島全域のレコンキスタを主張する日本共産党などは論外として、「北方四島」返還交渉に拘泥する日本政府やナショナリストたちは、みな歴史的経緯を冷静にふりかえる姿勢を欠落させているからこそ、現在の認識がなりたつにすぎない。もちろん、かれらにそんな自覚などあるはずがない。あるいは、それをあえて無視した偽善をとおしているからである。一方、アカデミズムも収奪的な調査研究をはじなかったし、これら負の遺産のおおくが未清算といって過言でない。はやりの「多文化主義」やエコブーム／ツーリズムにはオリエンタリズムがみえかくれしているが、当然、旅行客やメディアは無頓着であるのは、オキナワと通底している。

## 2-1
## 北海道開拓の歴史的含意

　北海道は、まぎれもない植民地です。南北アメリカ大陸やオセアニアなど、「新大陸」[1]と同質で、大量の入植者ぬきには近現代史が説明できない空間なのです。実際、北海道周辺のオホーツク海地域は、おもに狩猟採集をとおしてくらしていたアイヌ民族ほか北方少数民族の生活／交易空間でした。商場知行制／場所請負制といった、松前藩の藩士たちや近江商人たちが現地で交易をおこなう経済システムはありましたが、和人が居住する渡島半島南部一帯（和人地）を例外として、サハリン南部／千島はもちろん、現在の北海道の大半もアイヌ民族の生活空間だったのです[2]。

　それが、戊辰戦争[3]がおわると、明治政府の方針で状況が一変します。行政区域として「北海道」が設置され、松前藩の版図をひきついで統治の拠点とされていた函館府を廃し、「開拓使」という、

---

1　そもそも「新大陸」という呼称自体が、ユーラシア大陸と地中海をはさんで対岸につらなるアフリカ大陸を「旧大陸」とする発想の産物で、基本的にはヨーロッパ社会の自己中心性を露呈させた表現だ。

2　アイヌは現在の北海道・サハリン（樺太）・クリル列島（千島）およびカムチャッカ半島南部にまたがる地域にくらしていた先住民族で、アムール川下流域や沿海州、カムチャッカ半島と現在のロシア／中国各地にひろがる地域と交易し、オホーツク海地域一帯に経済圏を形成していた。ほかに、ウィルタ／ニヴフなど、北東アジア地域（満州からロシア領のシベリア・極東にかけて）に生活圏をもっていたツングース系民族がある。

3　「戊辰戦争（ぼしんせんそう、慶応4年/明治元年−明治2年（1868年−1869年））は、王政復古を経て明治政府を樹立した薩摩藩・長州藩・土佐藩らを中核とした新政府軍と、旧幕府勢力および奥羽越列藩同盟が戦った日本の内戦。」（ウィキペディア）

蝦夷地全域を開拓しようとする組織が設置されたからです。

　拠点が新市街地札幌へと移転し、サハリンは兵士や移民をおくりこむロシアと勢力あらそいの場と化します。結局、樺太・千島交換条約（1875年）が日ロ間でかわされたことで、サハリンはロシアの支配領域、千島列島と北海道が日本の支配領域と実効支配の空間が二分されることとなりました。サハリンにくらしていた樺太アイヌは北海道に強制移住させられるなど、オホーツク海周辺のアイヌ民族は、日ロの勢力あらそいにまきこまれ、ときに生活空間をうばわれることにもなりました。

　そんななか、北海道には、ロシアの南下政策に対抗して屯田兵[4]がおくりこまれるなど、北海道アイヌの生活空間に、和人が大量に流入していきます。後の北海道旧土人保護法[5]など、アイヌ民族の

---

4　「屯田兵（とんでんへい）は、明治時代に北海道の警備と開拓にあたった兵士とその部隊である。1874年（明治7年）に制度が設けられ、翌年から実施、1904年（明治37年）に廃止された。」「屯田制を北海道に実施するという考えは、明治初年から様々な方面に生まれていた。そのおそらく最初のものは、徳川家の遺臣を移して北方警備と開墾に従事させようとする榎本武揚の考えで、彼はこの計画を掲げて新政府と箱館戦争を戦った。」「徴兵制だった当時の日本において、屯田兵は長期勤務の志願兵制という点でも特殊であった。」「屯田兵は家族を連れて入地し、入地前にあらかじめ用意された家「兵屋」と、未開拓の土地とを割り当てられた。」（ウィキペディア）

5　貧困にあえぐアイヌに対する保護を名目として制定されたが（1899年）、アイヌの生業である漁業・狩猟の禁止、共有財産を北海道庁長官が管理し、自由な土地売買や永小作権設定の禁止などが定められているなど実質的な支配法制であった。また和人によってしばしば悪用された。そもそも北海道アイヌは基本的に狩猟生活で耕作に不慣れであったため、農業経営に失敗する例も多々あった。概説、および二度の改正もふくめ法文は、ウィキペディア「北海道旧土人保護法」およびリンクされた「ウィキソース」からたどれる原文参照。

生活空間を実質うばいとり、「アイヌ・モシリ」だった空間は、和人が入植していない極度にせばめられた空間でだけ、アイヌ民族がひっそり生息することをゆるす世界へと激変していくのです。南北アメリカ大陸やオセアニアなどで「先住民族」とよばれるように現地住民がおいこまれたのと同様、アイヌ民族も、まぎれもない「先住民族」へと化しました。新参者（侵入者）たちが、既得権をもつかのように土地を占拠し、サケ漁など狩猟生活を禁止し[6]、就農をせ

---

6　「河川でのサケ漁、新法で容認を　道アイヌ協会など要望」
（『北海道新聞』2016.10.02）
　政府が検討しているアイヌ民族の生活・教育支援を目的とした新法の策定を巡り、北海道アイヌ協会などが、かつてアイヌ民族が主食用などの目的で日常的に行っていた河川でのサケ漁を認める制度を盛り込むよう、求めていることが分かった。アイヌ民族にとってサケは重要な食料であると同時に神が与える「恵みの象徴」だったが、明治期以降の同化政策などによって文化伝承の目的以外の捕獲は禁止されてきた。政府は新法の検討課題の一つとして、有識者らによる作業部会で議論する方針だ。
　要望しているのは道アイヌ協会のほか、東京のアイヌ民族団体など。サケ漁が広く認められれば、アイヌ民族の「先住権」を尊重する政策の一つともなる。
　かつてアイヌ民族はコタン（集落）近くの河川にそれぞれ個人のイオル（漁場）を持ち、サケ漁をしていた。祭事でサケを「カムイチェップ（神の魚）」、日常会話で「シペ（本当の食べ物）」と呼び、主食として頻繁に食べ、固く丈夫なサケの皮は靴や衣服にも利用してきた。
　アイヌ民族には漁業権という習慣や制度はなく、15世紀以降、和人に土地などを収奪され、1878年（明治11年）に明治政府がアイヌ民族の呼称を「旧土人」に統一した際、アイヌ民族によるサケ漁は禁止された。その後、サケの減少もあって、1951年の水産資源保護法、55年の道条例で和人やアイヌ民族にかかわらず、河川でのサケ捕獲は原則的に禁止された。
　現在は道が文化伝承を目的に、アイヌ民族に特別採捕を許可している。道の記録によると、86年に初めてアイヌ民族に特別許可が下りた。2015

まるなど、旧来の生活様式を壊滅的に破壊したのです。

　政権にとっては、ロシアの南下政策への対抗策として、北海道を臣民による生活実態でうめつくすこと、屯田兵などとして移住した新住民にとっては、廃藩置県等で郷里をはなれざるをえなくなった現実をうけとめ新生活をはじめるために、「新天地」への入植を成功させることしか眼中になかったはずです。和人たちにとって、アイヌ民族の生活空間などナンセンスでした。屯田兵という兵農兼務の実態はともかく、「新天地」が、そもそも、どういった自然空間／生活空間だったのか、想像力が停止したまま事態は推移していったのです。在来の生活文化を全否定したぐらいでしたから、アイヌ語文化が継承言語教育の対象となるといった発想は当然皆無でした[7]。アイヌ語使用を禁止するといった法制こそできなかったものの、日本語話者になるほかない状況がつくられました。両親祖父母世代

---

　　　年度は道内のアイヌ協会支部など11団体が15河川で許可を得て、新しいサケを迎える儀式「アシリチェップノミ」を行うために捕獲したほか、アイヌ民族のかぎもり「マレク」を使ったサケ漁などを実施した。ただ、特別許可によるサケ漁は捕獲数が限られ、かつての自由な漁とはほど遠いのが実情だ。
　　　政府の作業部会では新法の中心となる生活向上に向けた施策として、雇用の安定など6項目を検討課題として列挙。これ以外の検討課題として、伝統的なサケ漁の復活も挙がっている。内閣官房アイヌ総合政策室は「道の特別採捕の実績を把握することなど、どういう手順で検討するかという所から今後議論することになる」と話している。」(http://dd.hokkaido-np.co.jp/news/society/society/1-0322441.html)

[7] ちなみにアイヌ語文化継承者として著名な姉弟の作品、知里幸恵『アイヌ神謡集』(1978年)、知里真志保『アイヌ民譚集――えぞおばけ列伝・付』(1981年)は岩波文庫で「外国文学」(赤帯)に分類されている。これは、琉球国に「琉球藩」という呼称をあてがいながら管轄が外務省だった経緯と通底している。

2章　コロニアルなオホーツク

は、家庭でアイヌ語をくちにしないようつとめるといったふんいきが醸成されたのです。

## 2-2
## 樺太・千島交換条約の歴史的含意

　以上のような歴史的経緯のなかで、樺太・千島交換条約は、どういった意味をもっていたでしょうか。

　すでにのべたとおり、19世紀後半のオホーツク海は、近代国家としての日本が成立していく過程として北海道を植民地化していく時代でした。それはロシア帝国がシベリア全域を植民地として開発し、オホーツク海に進出してくる時代とかさなっていました。北海道がアイヌ民族の生活圏として放置されず、屯田兵など植民活動が積極的に展開されたのは、単なる失業士族の授産のためだけではなく、ロシアの極東進出への対抗措置だったわけです。したがって、北海道という行政区域が開拓使などによって統治されていく過程は、その周辺のオホーツク海における日ロの国境線が徐々に画定していくプロセスと無縁ではありませんでした。「樺太・千島交換条約」（1875年）も、そういった一連のプロセスの一段階です。幕末の日露和親条約（1855年）では、千島列島の択捉島／得撫島間に国境線がひかれた一方サハリン島内には国境をもうけず、従来どおり両国民混住の地とするとされていました。条約を継承した明治政府があらたにロシアとかわしたのは、サハリンの領有権を確定し、それとひきかえに千島列島全域を日本領とする、領土の二国間でのすみわけだったわけです[8]。

---

8　明治政権内では、樺太における多民族のすみわけ論と、樺太放棄論とがせ

この二国間でのとりきめは、第二次世界大戦における敗戦国として日本が調印したサンフランシスコ講和条約（「日本国との平和条約」）における日本の領土放棄とからんで、いわゆる「北方領土」問題などとして、政／学さまざまな領域で歴史的／国際法的議論がかわされる起点となっています。その是非／妥当性などについては、ここではふれません。

　ここで問題提起したいのは、アイヌ民族やツングース系諸民族の歴史的な生活実態とか交易をふくめた経済圏という近代直前までの歴史的経緯について、日ロ両国がなんら考慮する姿勢をみせないのは、本当に妥当なのかという点です。国際法というのは、そもそも、近代ヨーロッパが前提とする国民国家が基本となっており、「主体」は既存の国民国家から承認をうけた国民国家だけです。台湾やパレスチナなど、国民国家として国際社会の大半から承認されているかはともかく、すくなくとも国連やオリンピック／ワールドカップ等国際大会に代表をおくれるような位置づけを獲得しないかぎり、当事者あつかいされないわけです。たとえば、国民国家をもったことがないクルド人たちは、そういった意味で国際法のわく外にある。他方、おおくの国家が存在を否定しようとしても、朝鮮やイスラエルは国民国家として交渉主体としてあつかわれるのです。その意味で、「先住民族」とよばれる集団は、一部入植者集団とのあいだで条約をむすんだケースなどを例外として、基本的に当事者性を否定されて、現在にいたっています。かりに、国連等で「先住民族」の認定をうけたとしてもです。いいかえれば、「先住民族」等は、あくまで各国の内政問題の要素にすぎず、たとえば独立運動などが

---

めぎあい、後者がせりかったこと、千島列島の北太平洋上での地政学的意義が重視されたことなどが経緯にあるようだが、それらすべてが、アイヌ民族等先住者にとってナンセンスなことはいうまでもない。

発生していても、それについて国境線の外部からの発言は「内政干渉」よばわりされます[9]。そういった意味で、アイヌ民族やオホーツク海周辺のツングース系諸民族は、周辺各国の政治経済的利害によるあたまごしの「国際政治」を二世紀以上くりかえされた、かくれた当事者なのです。マスメディアが「北方領土」問題で外務省や政府首脳同士の動静にふれる際、これら少数民族の意向がとりあげられることは、皆無でしょう。そしてなにより、日ロ両国の学校教科書は、政治経済系の科目はもとより地歴系でも少数民族の存在をとりあげることはすくなく、ましてや条約／国際法上の当事者としてあつかうことは皆無です。問題の所在自体を国民がしらないのは当然でしょう。たとえば日本共産党[10]や維新政党・新風のばあい、全千島列島が樺太・千島交換条約で平和裏に日本の領土になったとか、ソ連がサンフランシスコ平和条約に調印していないことなどを理由に「全千島列島の返還」を主張しているなど、外務省／自民党以上にナショナリスティックですが、かれらの主張に千島アイヌ問題などは介在していないとおもわれます[11]。これら、問題の不在を自明視するような姿勢は、保守政治家や国家官僚だけではなく、そして

---

9　たとえば現代中国は、東トルキスタン／ウイグル／チベットなど、大量に「内政問題」をかかえる。

10　「全千島1875年、領土と画定」(日本共産党「領土・領有問題　わたしたちはこう考えます―歴史的事実と道理にたった解決策を提案する党です」, http://www.jcp.or.jp/web_tokusyu/2012/08/post-5.html)
　　志位和夫「歴代自民党政権の日ロ領土交渉方針の根本的再検討を」(日本共産党『しんぶん赤旗』2010.11.9, http://www.jcp.or.jp/seisaku/2010/20101109_ryoudo_shii_seifu.html)

11　すくなくとも「北方領土」問題は、レコンキスタ（失地回復運動）の次元と、それに付随した軍事拠点・排他的経済水域等の地政学的計算しか、感じとれない。

「北方四島」への墓参団などを組織しようとする、もと島民・遺族などだけではなく、日ロ両国民の「普通」なのです。それで問題ないのでしょうか。

## 2-3
## 日露戦争の歴史的含意再考

おなじように、教科書や歴史ドラマなどで一貫して世界史上の一大事件として喧伝されてきた日露戦争の含意も再検討すべきことがらです。たとえば、ウィキペディア「日露戦争」には、つぎのようなことが、さも重大事であるかのように、かなりの記述がさかれています。

> 当時、欧米列強の支配下にあり、第二次世界大戦後に独立した国々の指導者達の回顧録に「有色人種の小国が白人の大国に勝ったという前例のない事実が、アジアやアフリカの植民地になっていた地域の独立の気概に弾みをつけたり人種差別下にあった人々を勇気付けた」と記される [39] など、欧米列強による植民地時代における感慨の記録が数多く見受けられる [40]。ほかにもトルコでは「東郷通り」などの名称を付けられ、子供に「トーゴー」や「ノギ」の名前を付ける人が今でもいるという。
>
> また、第一次エチオピア戦争で、エチオピア帝国がイタリア王国に勝利した先例があるが、これは英仏の全面的な軍事的支援によるものであった。そのため、日露戦争における日本の勝利は、有色人種国家独自の軍隊による、白色人種国家に対する近代初の勝利と言える。また、絶対君主制（ツァーリズム）を続ける国に対する立憲君主国の勝利という側面もあった。いずれにしても日露戦争における日本の勝利が及ぼした影響は大きく、日本に来て

いたドイツ帝国の医者エルヴィン・フォン・ベルツは、自分の日記の中で日露戦争の結果について「私がこの日記を書いている間にも、世界歴史の中の重要な1ページが決定されている」と書いた。

実際に日露戦争の影響を受けて、ロシアの植民地であった地域やアジアで特に独立・革命運動が高まり、清朝における孫文の辛亥革命、オスマン帝国における青年トルコ革命、カージャール朝における立憲革命や、仏領インドシナにおけるファン・ボイ・チャウの東遊運動、英領インド帝国におけるインド国民会議カルカッタ大会等に影響を与えている。

なお、日露戦争での日本の勝利は、当時ロシアの支配下にあったフィンランドをも喜ばせ、東郷平八郎の名が知れ渡り「東郷ビール」なるビールが製造されたとの逸話があるが、これは誇張ないし誤りである。実際にフィンランドのビール会社が製造した「東郷ビール」は、全24種のラベルがある「提督ビール」(Amiraali Olut) のうちの一つに過ぎない。この提督ビールには、東郷平八郎以外にも山本五十六、そしてロシア海軍の提督の肖像が使われている。〔……〕

　[39] ネルー『父が子に語る世界史』
　[40] たとえばカナダサスカチュワン州のウクライナ系移民は自分達の
　　　町にミカドと名付けている。

　もちろん、これらの自慢ばなしを教科書等が喧伝しているわけではありません。しかし、「トルコにいくと想像以上に親日派がおおくて、歓迎されたりする」といった日本評価で、うれしがる国民はすくなくないはずです。ちょうど『和風総本家』(テレビ大阪制作) や『世界が驚いたニッポン! スゴ〜イデスネ!!視察団』(テレビ朝日制作) などで、気分をよくする視聴者が大量にいるだろうことと、おなじ

ように。いずれにせよ、日露戦争が「第０次世界大戦（World War Zero)」(横手慎二) にあたるとか、第一次世界大戦のひきがねとなったなど、世界史的意義がちいさくないという歴史的事実と、それを自慢して当然かどうかは、完全に別問題です。そもそも、日露戦争はどういった性格だったのか。端的にいえば、東北アジアをめぐる覇権闘争であり、帝国主義的対立（ビゴーなど風刺画家らに何度もえがかれたような、列強のおもわくが複雑にからみあった[12]）の産物であって、たとえば《ロシアの圧力に抗するための防衛戦争だった》といった単純な位置づけは到底できません。すくなくとも朝鮮／中国の現地住民にとって、日清戦争／日露戦争は、帝国間での覇権闘争があたまごしにくりかえされる、実にはた迷惑な戦役だったのですし[13]。右派ナショナリストたちが、多少の「反省」はまじえながらも、日清戦争／日露戦争を、帝国主義のえじきとされる危機をのりこえ、世界の大国へと急成長をとげた画期とみているだろうことは、北東アジア情勢を国権主義的にとらえ、帝国主義イデオロギーに無自覚にとらわれている証左です。国家間の戦勝／戦敗といったゲーム感覚、「国益」という名の賠償金／領土割譲問題など

---

[12] 清水勲による風刺画解題など参照（しみず 2001, 2006, 2015）。なお、有名な「火中の栗」をひろうように、せきたてられている少年兵（＝新生帝国日本）という構図の風刺画は作者不詳のオランダ紙が初出とのこと（しみず 2015: 141）。

[13] 日本の軍部が直接／間接に関与した 1895 年のクーデタと閔妃（みんぴ）斬殺（「乙未（いつび）事変」）など、朝鮮王族周辺の親ロ派が強烈に反発するのは当然だった。朝鮮半島に公教育やインフラ整備など、さまざまな近代化を推進してやったのだと、恩きせがましい歴史観をもつ保守派・右派がおおいが、朝鮮半島の植民地化が、かりに善意だとか、日本本土防衛のための決定的要素で一定の正当化ができたとしても、その手法は拙速かつ野蛮だったことは明白である。

にしか関心がないからです。

　ともあれ、日露戦争は、直接の結果として帝国日本が朝鮮半島を排他的に支配する決定的局面となり、極東での南下政策をロシアが一時断念することで第一次世界大戦を誘発する重要な衝撃ともなりました。帝国日本は、日清／日露／第一次大戦と10年ごとに世界史をゆりうごかす戦争にまきこまれるわけですが、第一次大戦中にはロシア革命がおきて、ナチズム・第二次世界大戦・冷戦へと結局は20世紀全体を左右するといって過言でない一連の事態が連動していったのです[14]。日露戦争の前景としての日清戦争こそ、巨大な世界史ビリヤードの第一打だったというべきでしょう。琉球国の朝貢が消失することに象徴されるように清国の華夷(かい)秩序は完全に破綻し、台湾がはぎとられるなど、東アジア・東南アジアにおける旧来の秩序が破壊され、大中国自体が欧米列強の植民地化の対象と化したからです。

　ただ、「第二打」たる日露戦争は、「第一打」におとらず世界史の駆動因になりましたし、なにより「第一打」のインパクトを強烈にあとおしする結果をもたらしました。ロシアの極東への一撃がバルカン半島への巨大な余波をもたらし、ヨーロッパの覇権をおわらせたばかりか、ロシア帝国自体が瓦解し、社会主義体制という前代未聞の独裁大国が成立したからです。ユーラシア大陸の相当部分で革命がおこり、旧体制が一掃されました[15]。

---

**14**　日清戦争終結（1895年）から第二次世界大戦終結による占領開始（1945年）まで、ほんの半世紀にすぎないことをあらためて想起すべきだ。加藤陽子『それでも日本人は「戦争」を選んだ』がこの半世紀に焦点をあてていることも、この半世紀の驚異的な急展開（濃縮度）があるからだ（かとー 2016）。

**15**　欧州大陸を例外として、ユーラシア大陸全域で大民族の圧倒的優位が前提

こういった世界史的動向のなかで、とかく無視されがちなのが、劣位にある存在です。なにしろ、大韓帝国をふくめた李氏朝鮮のような明白な民族国家でさえも、国際情勢があたまごしに激変した結果属国化されてしまったし、琉球国にいたっては簡単に廃滅されてしまったのですから、国家体制を構築していなかった少数民族のばあい、その当事者性は当然のように黙殺されたのです。

　日露戦争によって、サハリンの南半分が日本領になると、アイヌほかサハリン在住の北方少数民族の処遇・所属が課題となります。たとえば樺太アイヌは日本国籍をあたえられることになるけれども、ウィルタはちがったなど、法的身分に格差がありました。その結果、「樺太の先住民には、アイヌ、ウィルタ、ニヴフといった北方少数民族がいる。このうちアイヌに関しては、南樺太に居住し日本国籍を与えられていたために、ソ連による樺太占領後は残留意思を持った者を除き北海道に送還されている」(ウィキペディア「樺太」)といった事態も発生しました。帝国主義に加担させられた少数民族の一部は、非常に過酷な運命をたどったことがしられています。たとえば、つぎのようなウィキペディアの記述は、その代表例。

> **ダーヒンニェニ・ゲンダーヌ**（日本名：北川源太郎、ウィルタ語名：Dahinien Gendanu / Daxinnieni Geldanu, 1926年頃-1984年7月8日）は、樺太生まれのウィルタ（オロッコ）民族研究家・運動家である。ウィルタ民族。
>
> 　第二次世界大戦中は特務機関員として日本軍に協力した。終戦後はシベリアにて抑留され、帰国後は北海道網走市に移住して

---

だし、依然としてロシア／中国＝独裁的な多民族帝国といった「本質」は、21世紀現在も不動かもしれませんが。

肉体労働で生計をつないだ。自民族の研究家として活動し、戦後ウィルタ運動のリーダーとして北方少数民族の復権運動に尽力した。その後彼の呼びかけにより網走に作られたウィルタ文化資料館「ジャッカ・ドフニ」の初代館長となった。ダーヒンニェニ・ゲンダーヌという名前は「北の川のほとりに住む者」を意味する。

**経歴**

ウィルタの呪者の家系に生まれ長老であった義父北川ゴルゴロと同様に遊牧と狩猟で生活を営んでいた。

1942年（昭和17年）日本陸軍の特務機関は戸籍が未整備だった樺太の少数民族の若者へも召集をかけ、ソ連軍の動きを探るための諜報活動や軍事訓練へと当たらせた。当時敷香町在住のオロッコ族22人ギリヤーク族（ニヴヒ）18人の計40人もまた日本名を付けられ諜報部隊に所属した。彼ら「北方戦線の秘密戦士」の中の一人がゲンダーヌであった。

ソ連の参戦後、10年近くシベリアに抑留され、敷香特務機関配下60人のうち59人が強制労働にて死亡。ゲンダーヌ一人だけが生き残った。その後ソ連の占領下の樺太へ帰島することも叶わず父と共に北海道網走へ移住したが、国籍は与えられず、ウィルタであることを隠して差別から逃れた。肉体労働で生計を繋ぎつつ、少数民族の軍人恩給支給問題を国へ訴えた。1976年、この問題は国会において議論されたが、当時の少数民族に日本国籍はなく兵役義務もなく非公式の令状にて召集されたとして、彼らに戦後補償が与えられることはなかった。

しかしながら彼の告発をきっかけに、1975年に「オロッコの人権と文化を守る会」（翌年ウィルタ協会と改称）が発足。資料館の建設、慰霊碑の建設、樺太の同胞との交流という3つの願いを彼は抱いた。北方少数民族の文化を残したいという彼の呼びかけにより780万円の募金が集まり、1978年網走市が提供した土地に

ウィルタ語で「大切な物を収める家」という意味のジャッカ・ドフニと名付けられた資料館が完成し、その館長となった。資料館にはウィルタの他ニブヒ、樺太アイヌなどの民族の宗教・生活用具、衣装など約600点の資料を収蔵・展示し、踊りの実演なども行われる。

また、1982年5月には網走市天都山に合同慰霊碑「キリシエ」が建立された。

1984年に急逝。2001年頃よりジャッカ・ドフニは来館者の減少により改修費用の捻出が出来ず、2010年に閉館した。

**関連書籍**
・ゲンダーヌ ある北方少数民族のドラマ（ISBN 4-19-801474-4）
　田中了/著、D・ゲンダーヌ/口述、現代史出版会
・サハリン北緯50度線 続・ゲンダーヌ（ISBN 4-87648-097-4）
　田中了/著、草の根出版会

ちなみに、ウィキペディア「樺太」には「ロシアによる領有を認める側の主張」という項目があり、日本がわのレコンキスタ意識に痛烈な批判をくわえています。

> アイヌ人を引き合いに出すのは、正当性の根拠としては弱い。単にアイヌ人を交渉のツールとして使っているに過ぎない。そもそも、アイヌ人という日本人とは別の少数"民族"として認識するなら、かつてアイヌ人の都合を無視して併合した以上は、アイヌ人のための自治区として返還を申し入れるのが道理であるが、そのような主張は全く見られない。

日露戦争以来の南樺太領有をこういった居住者としての少数民族（「先住民族」）のたちばからみなおすことは、非常に重要な視点で

す。ねがわくば、この論理は「北方四島」奪還論をふくめた千島列島に対するレコンキスタ志向にもあてはまることを、想起すべきだろうと。日露戦争を世界史的に位置づけるとは、すでにのべたような、日清戦争以降の世界史のうねりという巨大な動態としてかんがえるだけでなく、少数民族の先住権などミクロな次元での視点は不可欠のはずです。これらの問題意識が教科書・学習参考書や、ドラマ・映画などに反映するのは、いつのことやら【2章末補論1参照】。

## 2-4
## 「北方四島」意識の含意再考

以上のような視点から再検討すれば、対ソ関係・対ロ関係のなかで、最重要課題であるかのようにあつかわれてきた「北方領土」問題（日本の外務省のいう「固有の領土」論）も、まったくちがった像（「倒立実像」）がうきあがるのではないでしょうか。

前項ですでにふれたように、ちまたの「北方領土」問題の大半は、まともに議論するにあたいしない次元にあることは、まずおさえないといけません。サハリン島などのレコンキスタ（「失地回復」運動）に「アイヌ人を引き合いに出すのは〔……〕単にアイヌ人を交渉のツールとして使っているに過ぎない」という批判がでています。こういった論理にもとづく批判は、当然千島列島全域にあてはまるわけで、「北方四島だけは例外」とか、「歯舞色丹は北海道の一部」といった議論もナンセンスなのです[16]。自民党や外務省などの公式

---

16 たとえば、ウィキペディア「北方領土問題」で展開されている論点は、以上のような視点から全面的に検討しなおすことが可能である。政治家・官僚・関係のジャーナリスト／研究者はもちろん、編集者もふくめて、具体的な「政治的解決」しか念頭にないため、結局はシベリア／極東地域の資

見解である「北方四島＝固有の領土」論自体、なぜ妥当なのか、説明できるはずがありません（条約締結など国際法上の法理とか交渉の経緯などをいくら提出してもムダ）。なにより、「（自明の）固有の領土」とされてきた北海道自体「かつてアイヌ人の都合を無視して併合した以上は、アイヌ人のための自治区として」認定し、あるいは返還し独立をみとめるのが、すじだからです。

　こういった議論にムッとなるとしたら、その心理自体、「北海道」成立を植民地化として認識できていない、一種の防衛機制の産物です。1章で検討した、琉球列島、とりわけ沖縄島以南を「沖縄県」として自明視する見解が、①薩摩藩による植民地化という経緯、②日清戦争前後の19世紀末までくすぶった再独立論、③宮古・八重山の「分島」問題等の歴史的経緯を全部視野からはずした暴論であったのと、「北方領土」論の基本構造は同質です。北海道の設置以降という経緯自体が、そもそもオホーツク海周辺の植民地化という歴史的現実の一部にすぎません。それなのに、そのことをみごとに忘却＝抑圧している（防衛機制）からこそ発生した構造的死角な

---

源開発やインフラ整備とバーターとしての「返還」交渉の是非・巧拙など「具体論」に終始しがちである。そこには、自民党や外務省などの「返還交渉」史と前史としての条約等はでてきても、それ以外の歴史的経緯は皆無となるのが普通である。当然「アイヌ・モシリ自治区を取り戻す会」周辺の議論は、あたかも存在しないかのように黙殺される。ちなみに、「アイヌ・モシリ自治区を取り戻す会」は同様の左派系民族組織「アイヌ解放同盟」などとともに、「ピリカ全国実行委員会」へと運動が継承されている。現在は、北方領土返還運動への日ロ両国の交渉等に全面的批判をくわえるだけでなく、北海道大学など旧帝大のアイヌ人骨収奪問題＝返還運動などが中軸。

　・http://www.ayu-m.jp/event/E-1010/101009pirika_flier02.pdf
　・http://www.geocities.jp/pirika_kanto/join_info/kesseisengen.html
　・http://pirikakansai.at.webry.info/

のです。「北方四島」という領土問題を、せいぜいアメリカの地政学的計算に一応おつきあいする（ないし、あまりに親ロ的な姿勢をしめすとアメリカに警戒される＝アメリカの属国ではなく、自律的なのだというアピール、ないしちいさなプライド）[17]程度で、数十年ねばりごしのつもりの外務省／自民党の知的水準の限界は、そもそも《植民地主義を起点としていたオホーツク海の近現代史》という本質を直視できないからつづく構造です。地下資源／海洋資源／地政学的位置／ナショナリズムといった要素のみしか視野にはいらない限界を、いま一度、かんがえる時代が到来しているとおもいます。

　ここで「いま一度」というのは、ソ連崩壊期（1991年10月）に「アイヌ・モシリの自治区を取り戻す会」が結成され、すでに「返還交渉」を根源的に批判しているからです（『アイヌ・モシリ―アイヌ民族からみた「北方領土返還」交渉』）。そこで重要な論点はすべて提出されているのに、安倍外交をはじめ近年の対ロ交渉をめぐる議論にその痕跡さえも感じとれないのは、学校教育やメディアが「思考停止」させつづけた結果にほかなりません。

---

[17] 安倍晋三が選挙区へのアピールもかねて長門市を会場に設定した（バルチック艦隊の戦死者をとむらった碑「露艦戦士の墓碑」までプーチンをよびよせるなど、長州の歴史的経緯を象徴的に演出する意図もあったようだが）日露首脳会談（2016.12.15）は、さまざまな指摘があったように、そもそも「北方領土返還」へのみちすじなどたちようのない、典型的な茶番劇だった。「二島返還」であれ、「そこに対ロむけ軍事基地をつくらせろ」といったアメリカ国防省などの意向を日本政府がこばめるはずがないことは明白であり、そんな危険な構図をプーチンらがのむはずがなかったのだから。

## 2-5
## コロニアルな学界

1章で「人類館」事件を紹介したように、帝国日本の民族差別・植民地主義と帝国大学などの人類学とは、密接な関係にありました。人類学が帝国主義や差別と関連したのには、必然性があります。なぜなら、そもそも人類学が、欧米列強のアジア・アフリカ・新大陸（南北アメリカ・オセアニア）への進出と並行して成立した学問の一種だからです。お雇い外国人経由で帝国日本に流入したアカデミズムとしての人類学も、当然、帝国主義・植民地主義的な姿勢をともなって定着したのです[18]。

では、なぜ欧米列強の帝国主義と人類学や言語学がむすびついていたかといえば、それは、植民地支配の基盤として現地語の研究が不可欠だったからです[19]。「沖縄県」設置直後に開設されて日本語話

---

[18] 人類学と並行して発達してきた言語学も同様だ。日本のばあいも、帝国大学の言語学教室の初代日本人教授となった上田万年は、弟子たちに、アイヌ語（金田一京助）、琉球語（伊波普猷）、朝鮮語（小倉進平）を分担して研究するよう指揮した（あくまで、「国語」の系統をあきらかにするための比較言語学的課題としてだったが）。モンゴル語／トルコ語など、ユーラシア大陸の諸言語を研究した戦前からの言語研究は領土的野心や地政学的な関心ぬきになされたものはないといっても過言でない。

　なお、言語学・言語教育政策周辺にからまる帝国意識については、かわむら（1994, 1999）、やすだ（1997）、せき（1999）、ましこ（2002a, 2002b=2014）など参照。

[19] アジア・アフリカの言語研究・地理学的研究の先鞭をつけ「斥候」的に機能したのは探検家。安全が確認されると、最初はカトリックの「失地回復」運動として、つづいてプロテスタントの追随過程として、宣教師が「先兵」的やくわりをはたす。言語学者や人類学者は、フィールドワークの成果を本国に発しつづけてアカデミズムを実践していく。そして、これら収集活

者を養成した「会話伝習所」(1880年) でつかわれた「沖縄対話」も、首里／那覇でつかわれていた沖縄語に対する調査なしには、編纂しようがありませんでした。幕末まで謝恩使／慶賀使に対応した通詞たちの知見が動員されていたのでしょう。しかし、帝都東京に帝国大学が設立され、札幌にたてられた農学校が北海道帝国大学となれば、それらにおける人類学・言語学・地理学等の研究は、当然、南北に展開していく植民地主義を推進する知的権威として機能していきます。長崎・薩摩藩・琉球国などにおかれた「唐通事」等、世襲の小役人の実務知識にすぎなかった異言語／異文化は、外交関係の促進・諜報活動はもちろん、現地の地誌・社会情勢などを把握し、植民地なら現地統治の直接のツールとして、アカデミズムの正式な対象へと変貌をとげたわけです。その意味で人類学者坪井正五郎プロデュースの「学術人類館」は、それら蓄積を結集するようなイベントだったといえます（一般市民むけのイベントなのだし、民間パビリオンとはいえ帝国大学教授のプロデュースである以上、典型的な「社会教育」）。重要なのは、そこに欧米人らがなまみで「展示」されることはなく、欧米列強に植民地化された地域の住民が対象だった点。そこには、日本の南辺を象徴する琉球人女性と対称となるべく、北辺を代表する先住民族としてアイヌも「展示」されました[20]。

---

　動はすべて宗主国政府や殖民する事業家などの利害に合致していた。北米の人類学者・言語学者のばあいは、居留地におしこめられた先住者へのききとり調査なので、調査動機は「無邪気」であるが、植民地主義的な知的搾取である点にかわりはない。支配・被支配、調査・被調査という関係性＝序列関係は固定化してうごくことはなかったからだ。

[20]　なお、「薩摩の裸踊り」として、ふんどしで民族舞踊をみせたなど、「日本側に差別意識は無かった」「「展示」された諸地域の反発は誤解に基づく部

さらにいえば、北海道帝国大学の医学部を中心とした形質人類学・医学生理学的研究は、アイヌ民族をあたかも、動物学や獣医学の対象であるかのような調査だったようです。墳墓から土葬された人骨が盗掘され、いまだ、その返還問題が話題にのぼるような時代なのです。

　つぎの記事などが単なる「地方ネタ」としてかたづけられ、社会問題にならないできたこと自体が、植民地主義の「負の遺産」というほかないでしょう。

　　北海道大が1930〜50年代ごろ、研究目的で墓地からアイヌの遺骨を掘り出したのは供養の侵害に当たるなどとして、アイヌや浦幌アイヌ協会が北大を相手取り、遺骨返還などを求めた訴訟で、札幌地裁（本田晃裁判長）は25日、原告の居住地域から掘り出された身元不明遺骨11体をコタン（集落）再建を目指す「コタンの会」（清水裕二代表）に返還することを柱とする和解案を提示し、双方が受け入れた。

　　アイヌの遺骨は全国12大学に1636体保管されているが、大半

---

分が」おおいと断定する記述がみられるが（ウィキペディア「人類館事件」）、欧米人をはじめ「展示」されなかった集団をみれば、それは問題の本質をゆがめるものだろう。おなじく、清国や沖縄などの抗議が反差別主義ではなく、「野蛮」と同列視されることへの反発だったという指摘も、「日本側に差別意識は無かった」という証拠にならないどころか、「野蛮」の展示にすぎなかったことを一層うきぼりにするものといえよう。また、イギリス人や日本人の人形も展示されていたことをもって、坪井正五郎にはレイシズムはなかったと断言し、せいぜい欧州のオリエンタリズムを無批判にコピーしたことを時代の制約だとしてすませる議論があるが、こういった「好意的に解釈する」心理は、めびいきにすぎないのではないか（やまじ：15-19）。

は北大が保管。国は2014年5月、遺骨返還のガイドラインを策定し、身元不明遺骨は北海道白老町に建設される複合施設「民族共生の象徴となる空間」内の慰霊施設に集約し、身元判明遺骨は遺族（祭祀＝さいし＝承継者）に返還すると定めている。

　1636体のうち、身元判明遺骨はわずか23体に過ぎないが、原告側は「アイヌはコタンで先祖供養していた。身元が分からなくてもコタンに返してほしい」と訴え、第1次分として計78体の遺骨返還を求めていた。

　〔中略〕

　原告側の市川守弘弁護士は「祭祀承継者の概念は和人の家制度の名残であり、コタンで先祖供養していたアイヌの実態を無視している」とした上で、「和解内容はコタンに返還するという発想に立っており、多くの身元不明遺骨の返還につながる一歩だ」と指摘した。

　この訴訟は第3次提訴まであり、この日は第1次分の和解が成立。係争中のため、北大側はコメントしなかった。【日下部元美、安達恒太郎】」（「アイヌ訴訟　遺骨を返還へ　北大と遺族らが和解」毎日新聞2016.3.25)

　これらは欧米列強が帝国主義的発想から「卒業」できていなかった時代のコピーでもありました【2章末補論2参照】。

　また、生活文化にかかわる民具を調査と称して大量にかりうけながら、返却せず、事実上没収してしまったケースも指弾されてきました。そもそも、美談としてかたられてきた金田一京助による、神話のききとり／記述（『アイヌ神謡集』）自体が、知里幸恵を早世においこんだ搾取的調査だと、はげしい批判があるほどで、すくなくとも帝国大学のおおくは、アイヌ民族史を帝国主義と関連づけておってきた研究者や民族運動関係者に非常に評判がわるいと（「差

別図書」となざしで糾弾する集団さえあるほどです)。そういったひとびとにとって、アカデミズムにおけるアイヌ関連の研究蓄積のおおくが搾取的調査であり、研究者は典型的な「御用学者」とうつるわけです。

近年では、「カルチュラル・スタディーズ」[21]など、人類学／文学周辺で急速な「自己批判」的提言・研究がすすみました。巻末の文献の相当数は、アイヌ民族研究にとどまらない、人類学／歴史学周辺での学史的再検討の蓄積です。直近では、北海道アイヌ協会・日本人類学会・日本考古学協会2016『これからのアイヌ人骨・副葬品に係る調査研究の在り方に関するラウンドテーブル報告書(案)』という学界による自己批判がようやく用意されるまでになりました[22]。時代の推移に対して、おそきに失したとはおもいますが、アカデミズムも漸進主義的に自浄作用ははたらくと信じたいものです。

---

[21] 「**カルチュラル・スタディーズ**（Cultural studies）は、20世紀後半に主にイギリスの研究者グループの間で始まり、後に各地域へと広まって行った、文化一般に関する学問研究の潮流を指している。政治経済学・社会学・社会理論・文学理論・メディア論・映画理論・文化人類学・哲学・芸術史・芸術理論などの知見を領域横断的に応用しながら、文化に関わる状況を分析しようとするもの。

　スチュアート・ホールとディック・ヘブディジによって1964年にバーミンガム大学に設立された現代文化研究センター（CCCS - Centre for Contemporary Cultural Studies）がこの造語の起源であり、また主要な震源地となった。いわゆる高級文化だけでなく、サブカルチャー（大衆文化）をも手がかりとしうる点が、従来と異なる点である。〔……〕」(ウィキペディア「カルチュラル・スタディーズ」)

[22] https://www.ainu-assn.or.jp/news/files/44d43ebe6e83af8cf4f9f0c3e4b71cdbd641bc3c.pd

## 2-6
## はやりの「多文化主義」とエコブーム／ツーリズムの背景としてのオリエンタリズム

　多文化主義が称揚される昨今。アイヌ語を軸とした民俗儀礼（イオマンテ＝クマおくりetc.）などを、自然と共生してきた平和的民族、といったプラス評価をするむきは、おおいものの、現在の「北海道アイヌ協会」が、ながらく「北海道ウタリ協会」と自称してきた（1961～2009年）ように、「アイヌ」という呼称自体が差別・攻撃を誘発する時代がずっとつづいてきたのです。また、最近も差別・攻撃は終息したわけではなく、「アイヌ利権」だの「ザイヌ利権」[23]といったネット右翼の攻撃さえ発生している始末。そもそも「アイヌは同化した」という見解（「アイヌ民族」滅亡論）は政治家を中心に再三くりかえされてきました[24]。日本政府がアイヌ民族を

---

[23]　たとえば「アイヌ利権　在日韓国朝鮮人が関わっていた！ザイヌ！利権が欲しいニダ　なぜか「韓国人研究者」？　利権はおいしいニダ、アイヌに成るニダ 更新日：2016年08月22日」(http://matome.naver.jp/odai/2140868732897509701)
　　単なる一般人の右派勢力にとどまらず、政治家にも「利権」を非難する勢力がいる現実としては、たとえば「アイヌ利権の怪」（『金子やすゆきホームページ』http://ykaneko.net/article/category/ainu）等。

[24]　たとえばウィキペディア「単一民族国家」には、アイヌ民族をはじめとした先住民族／少数民族の存在を否定する発言をした政治家周辺として、中曽根康弘／山崎拓／鈴木宗男／平沼赳夫／鳥居泰彦／麻生太郎／伊吹文明／中山成彬があがっている。鈴木宗男は、現在新党大地をひきいるなど「アイヌ民族の権利の確立」をうたうが、2001年には「一国家、一言語、一民族といっていい。北海道にはアイヌ民族がおりますが、今はまったく同化されておりますから」と発言し、北海道ウタリ協会理事から反発をうけた。

先住民族と公式にみとめたのは、2008年です。しかも「アイヌ民族」滅亡論には人類学者がかかわってきたのです。《和人との混血がすすんで識別できなくなってきたし、そもそもアイヌ語をはじめとした継承文化は消失したも同然ではないか》という見解です (こーの 1996, ましこ 2002: 76-8, 88-92)。

　つまり、先住民族についての無知を自覚しないまま本質主義化し「エコ」「伝統」の象徴として安易に美化／賞揚する風潮がはびこる一方で、強烈な差別意識（ヘイトスピーチetc.）が「共存」しているのが、「多文化主義ニッポン」の実態といえるでしょう。これらは、沖縄戦をセンチメンタルなダークツーリズム商材として消費することしかかんがえない観光資本が、同時に「青い海と空／白い砂」といった大都市圏から消失した「自然」の宝庫として賞揚してきた政治性と「せなかあわせ」におもえます。琉球諸語など生活文化が急速に衰微させられた経緯や、それと並行していた軍事植民地状況の徹底的な抑圧と、ダークツーリズム／エコツーリズムとは、完全にセットだからです。アメリカのハワイ州が米軍の太平洋戦略における中核であるのと同時に、おもに日米の大衆を「いやす」空間としてリゾート地として位置づけられてきたこと、軍事植民地／「平和そのものの南の楽園」イメージの併存という異様な構図と、日本列島の南北のリゾートとは、同形にみえます。南北のリゾート空間には、たとえばサンゴ礁やラベンダー園などに代表される、「うつくしきもの」にスポットがあてられ、観光客を吸引する一方、過酷な歴史と隠蔽された政治性については徹底的に排除されてしまうという次元で。

　　　*ハワイ／グアム：米軍基地／海岸リゾート・マリンスポーツ
　　　　スポット*
　　　*オキナワ：米軍基地／海岸リゾート・マリンスポーツスポッ*

ト

北海道:自衛隊基地/「北の大地」ブランド・海産物牧場イメージ

だいぶ以前に、ハワイとオキナワを対比することで「観光植民地」「オリエンタリズム」という観点から批判的に検討する作業をしました (ましこ 2002: 121-40)。この問題＝政治性は、当然北海道にもあてはまるし、そういった観点から地理・歴史教育をする姿勢を推進する体制をもたなかったアカデミズムとは、「国家のイデオロギー装置」(アルチュセール) という、そしりをまぬがれないでしょう[25]。そして、九州とならんで政府による失業対策だとうわさされてきた北海道の自衛隊基地の雇用は、沖縄島の基地経済に依存する層と同様、政府による地域支配と無縁ではないでしょう。また、両地域ともに「自然」が称揚されてきた点も再検討が必要です。たしかに両地域とも、全域では「自然がいっぱい」にうつります。しかし、就業者比率 (第一次産業/第二次産業/第三次産業) 比でいえば、それぞれ沖縄県5.0%：14.0%：72.3%、北海道7.2%：17.1%：70.2% (2010年)[26] となっています。両地域とも第一次産業の全国平均4.0%よりは少々おおくみえても、第三次産業の全国平均66.5%を相当うわまわっている点で、農林水産業系に産業の

---

[25] 評価は二分されるが、多田治『沖縄イメージの誕生——青い海のカルチュラル・スタディーズ』は、リゾート・イメージをかなりかえていくだろう (ただ 2004)。ハワイについては山中速人『ハワイ』(やまなか 1993) や矢口祐人『ハワイの歴史と文化——悲劇と誇りのモザイクの中で』(やぐち 2002) など参照。

[26] 「F 労働−都道府県ランキング」(https://ecitizen.jp/Ssds/IndicatorCat/F,『統計メモ帳』)

重心があるというイメージは明白にあやまりです（都市化率[27]でも両地域は全国平均水準ないしそれをうわまわっているほどですし）。デパートなどで「北海道物産展」を展開していたにしても、そこにかかわっている道産子の大半は非農家・非漁民（企画／営業／輸送／販売etc.）なのです。ドラマ『北の国から』などに刺激されて観光客が札幌など道南（どーなん）の都市部以外につめかけること自体はわるくないでしょう。しかしマスメディアや観光資本が着目してブランド化するイメージは、沖縄リゾートがもちあげられるのと同形の、オリエンタリスティックな「自然崇拝」＝本質主義的な美化をもたらしているとおもわれます[28]。当然のことながら、現地住民の平均値・中央値とことなることはもちろん、最頻値とは相当なズレをきたすほかないと【2章末補論3参照】。

---

27　①人口密度4000人／km²、かつ②人口5000人以上の人口が近接して居住している地域＝「人口集中地域」（総務省）の定義をみたす空間にくらす人口の比率。解説と都道府県データは、商工中金「地方から都市への集中」（2014年10月27日）参照。

28　こういった「自然」崇拝意識だが、近現代史をちょっとふりかえっただけで、実は近現代の入植自体が基本的に生態系の破壊行為であったという厳然たる事実がつきつけられる。たとえば旧蝦夷地が「北海道」として「開発」されてきた歴史的経緯は侵略（先住者たるアイヌ民族の生活空間の強奪）にとどまらず、現地の動植物への深刻な打撃をふくめた破壊的展開だったという現実が浮上する。この近現代人の「原罪」ともいうべき本質は、たとえば、古典的なジブリ作品『平成狸合戦ぽんぽこ』（1994年）がえがいたニュータウン造成の実態＝自然破壊などとして、再三えがかれてきた。本書では、後述する小笠原諸島への入植を歴史的に再検討する作業として再論することとする。

## 【補論1:帝国日本によるアイヌ民族文化の動員とその忘却】

　第一次南極観測隊がイヌぞり用の樺太犬をやむなく放置し撤収した経緯（1958～59年）を散々美化したのが映画『南極物語』(1983年，日本ヘラルド／東宝) だ。公開当時から偽善的だといった批判、撮影中の動物虐待（イヌの負傷）の指摘があった。また、日本の観客は科学的な調査隊に同行させられた耐寒能力にすぐれた北海道産の犬種とのイメージに疑問ももたなかったとおもわれるが、そもそも樺太犬は、「タロとジロ」たちのみならず、有名な軍人／探検家、白瀬矗（しらせ・のぶ）(1861-1946) ら南極探検隊（1910～2年）に動員された犬種と同一だった。しかもイヌぞり担当として参加したのは、2名の樺太アイヌだったことがしられている（この探検時も樺太犬がおきざりにされ、一部しか生還できなかったため、両名は帰郷時、民族裁判で有罪宣告をうけたとされる。ウィキペディア「山辺安之助」「花守信吉」「白瀬矗」ほか参照）。

　要するに、日本の南極探検・観測は、現在のような雪上車等最新設備ができるまで樺太アイヌの生活文化を徹底的に収奪して成立したのに、作品では隠蔽されたことはもちろん、観客も単なる偽善的な英雄譚をナショナリズム／センチメンタリズムの素材として消費したにすぎない。日露戦争や、それにさきんずる樺太・千島交換条約等、帝国主義の争奪戦にまきこまれなければ、かれらは犠牲とならなかったわけだが、日本のメディア・学校教科書等は、一貫して問題を隠蔽してきたことになる（「国家のイデオロギー装置」(アルチュセール)）。ともあれ、こういった事実を簡便にしるてがかりが、学校教員が再三軽侮してきたウィキペディアに大量に用意されている現実は、実に皮肉だ。

# 【補論2：帝国主義のコピーとしての学術的収奪の輸入】

記者の目　ドイツで放置　アイヌ遺骨問題＝中西啓介（ベルリン支局）

**早期返還、外交で解決を**

　明治維新期の1860年代、欧州には日本に関する情報が次々ともたらされた。中でもアイヌ民族は「地球上で最も原始的な民族」とみなされ、人類学の研究対象になった。研究者たちは、当時普及していた頭骨を計測する方法で人種の特徴やその系譜を解明しようとした。時は流れ、研究拠点だったドイツの首都ベルリンには、北海道やサハリンで「収集」されたアイヌの遺骨が多数保管されたままとなっている。

　日本では今、アイヌの言語や文化を取り戻そうという動きが進む。国会は2008年に「アイヌ民族を先住民族とすることを求める決議」をしている。そうした中で内外の研究機関に「収蔵」された遺骨の返還運動は、アイヌ復権への中心的な課題となっている。〔中略〕

**墓を発掘し収集、乏しい人権意識**

　ドイツでかつてアイヌ研究を率いたのは、医師でベルリン大教授のルドルフ・ウィルヒョウ（1821～1902年）という人物だ。医学や人類学を発展させた彼の元には、アイヌを含め1万体以上の人骨が集められた。明治期、ベルリン大には日本からも多くの医学生が留学した。その一人が、帝大医科大（現東大医学部）教授の小金井良精（よしきよ）（1859～1944年）。ウィルヒョウとも交流した小金井は帰国後の1888年以降、アイヌ研究に没頭する。資料収集のため、北海道各地で墓を「発掘」した。

　日本の人類学界では当時、日本人の起源について活発に議論されていた。小金井は石器時代の日本人と、アイヌの頭骨を比較。

1903年にドイツ語で書いた論文で「大日本帝国はかつてアイヌ帝国だった」と、アイヌが日本の先住民族だと結論付ける先駆的な研究成果を発表した。だが一方で、研究手法には先住民族への配慮が欠落していた面がある。

ウィルヒョウは執筆した頭骨収集マニュアルに、「墓は人骨標本採集に最適な場所」と記載していた。当時、彼の依頼を受けたドイツ人旅行家が札幌でアイヌの墓を盗掘し、頭骨を収集していたことも確認されている。ボン大のウールシュレーガー博士は取材に「人権意識が乏しかった。研究のためという目的が手段を正当化していた」と、研究倫理の問題点を指摘した。

**収奪に無頓着な社会風潮も一因**

実はドイツでは20世紀初め、頭骨測定は、人種差より個体差の方が大きいことが分かって下火になった。だが、日本では戦後もアイヌの頭骨計測が続く。北海道大を中心に国内12大学には現在も1600体以上が収蔵されている。遺族などの同意を得ずに行われた収集や、複数の遺骨をまとめて一つの箱に保管した例もあり、身元確認が困難になっているのだ。

もしアイヌ以外の日本人の墓で同じようなことが行われていたら、明治期でも大問題になっただろう。なぜアイヌの場合は許されたのか。北海道大大学院の小田博志教授（人類学）は、アイヌが置かれた歴史的背景をこう指摘する。「明治2（1869）年に蝦夷地が北海道に改称され、開拓使が設置されて以降、アイヌは言葉や文化だけでなく、土地や狩猟の権利も奪われた。遺骨の『収集』はそうした収奪過程の中で行われたのです」。アイヌの権利を奪うことに無頓着な社会風潮があったわけだ。

海外では近年、迫害された先住民族との和解の一環として、遺骨の返還を政府が支援する例がある。オーストラリア政府は国内外の博物館や研究機関に対し、収集されたアボリジニなど先住民

族の遺骨や人体資料の返還を要請している。過去の過ちを正す政策として、既に独英などの研究機関と返還で合意している。アイヌの遺骨返還交渉でも参考になる事例だ。

　かつてドイツに集められた多数の人骨は、人種間に優劣があるという思想に基づく研究の対象となり、ナチスによるホロコースト（ユダヤ人大虐殺）の論理的裏付けに利用された。取材では少なくとも17体のアイヌの遺骨が収蔵されていることが分かった。

　北海道アイヌ協会の加藤忠理事長（77）は「遺骨（の放置）はたとえ一体でも人間の尊厳の問題だ」と訴える。だが、独政府は「返還（するか否か）は所有財団の判断」と距離を置く。独側の指針では返還には「不適切な収集」の裏付けが必要になる。正確に遺骨の由来を全て特定することは現実的には困難だ。外交手段による解決を早期に模索すべきだ。

（毎日新聞2016年9月2日　東京朝刊）

## 【補論3：辺境地域に対するオリエンタリズム】

　よくわらいばなしになるのは、ウチナーンチュはおよがない／およげない（実は、マリンスポーツは苦手で、すきなのはビーチ・パーティー）といった皮肉な構図。ありがちな「ウミンチュ」イメージ（沖縄観光みやげのTシャツの定番）は、典型的な本質主義といえる。実際、ビーチのマリンスポーツをささえているのは、相当数が県外からの流入者であることがしられている。

　ちなみに観光資本も、県外のリゾート客がひいてしまう9月末以降に「うちなーんちゅホテルプラン」等銘うった、県民（県内定住者も可）限定のパックツアーなどをくんで、いわゆる「アイドルタイム」をなくそうと努力している。これなどは、沖縄島の北部を中心に、那覇都市圏（約75万人）／沖縄都市圏（約50万人）の住民

が「県内リゾート」をたのしんでいることをしめしている。

　いずれにせよ、観光客のおおくは、みずから接する県民を、背景にウミンチュ（漁民）／ハルサー（農家）を親族にもった運転手／売店員／ホテル従業員／マリンスポーツスタッフなどとしてだけ位置づけてきたのではないか。そうであれば、旅行会社のパンフレットなどから本質主義的な幻影だけ学習し、かつ誤解を修正することなく「帰国」してしまうとかんがえられる。

　おなじような本質主義的まなざしは、当然北海道にもはなたれる。つぎのような掲示板のやりとり（http://okutta.blog.jp/archives/2570727.html）はその典型例といえよう。アイヌ民族や、ヒグマなど「自然環境」にめぐまれた北海道への心理的距離と差別が露呈している。おそらく北米や中南米などの森林地帯でのサバイバル生活などと連続性をもつ「ワイルド」イメージであろう。そういえば、大学時代「北海道大学」に在籍している男子学生が「ヒグマ」との愛称でよばれていたことをおもいだした（1980年代前半だが）。

　　2016年04月17日 12:00
　　昔の子供は熊と相撲を取っていた！証拠画像がこちらｗｗｗｗｗ
　　@oldpicture1900：戦前〜戦後のレトロ写真 2016-04-17 01:15
　　　フォロー
　　1924年（大正13年）。北海道。ニシン漁番屋の子供たちののどかな風景。子グマと相撲を取って遊んでいます
　　【画像略】
　　@oldpicture1900：戦前〜戦後のレトロ写真 2016-04-17 01:21
　　　フォロー
　　@oldpicture1900 たぶん飼育してるんだと思うんですけど、今じゃ法律で無理でしょうね。
　　〔中略〕

@LinZOwjVKGKsfUa：リィファ 2016-04-17 07:37 フォロー
@oldpicture1900 相撲とまではいかないけれど、私が小さかった頃、北海道の某アイヌ古丹に行くと、お土産屋さんの外に子熊が繋がれていたのを思い出します。
昭和50年代ですね。

〔中略〕

@ping_chang：ピンちゃん（電脳コタツムリ）2016-04-17 03:21 フォロー
さすが北海道！

〔中略〕

@wman32：wman32 2016-04-17 02:04 フォロー
なるほど、イオマンテか

〔中略〕

@chiekopomnchom：Ch. N 2016-04-17 01:34 フォロー
リアル金ちゃん…

@ThomasTgs：トーマス 2016-04-17 01:31 フォロー
昔はホントに動物と相撲を取っていたのか！

@kazueiishiba：石破和希 2016-04-17 01:23 フォロー
マジか。

〔中略〕

@ZeRocKrazy：ZeRocKrazy 2016-04-17 01:17 フォロー
すげぇ！金太郎の世界だ・・・

# 3章
# コロニアルなオガサワラ

**本章のあらまし**

小笠原諸島は19世紀初頭まで無人島であり、しかも明治政権が領土宣言をするまで、もと捕鯨船乗員たち、およびその末裔のみが先住者であるという、典型的な植民地空間だった。その後、もと捕鯨船乗員関係者たちを「帰化人」として同化させようとしたが、かれらのエスニシティを消失させるまえに太平洋戦争をむかえ、米軍支配下におかれるという経緯をへて1968年の「返還」をむかえた。第一次世界大戦後の旧ドイツ植民地を委任統治領としてうけつぎ支配した帝国日本の南洋進出の橋頭保だった小笠原諸島は、排他的経済水域の拠点や世界自然遺産などとして戦後位置づけを維持しているわけだが、たとえば漁民たちによる和人の生活圏の自然な拡大などとは到底いえない歴史的経緯しか、よみとることができない。むしろ国策によって、きわめて作為的に入植することで成立した植民地の典型例をみるばかりである。そして、「帰化人」とよばれる層の末裔たちが、どういった歴史体験をへてきたかの詳細な記録・継承こそ、国民国家の本質を検証するうえで不可欠といえよう。「大東亜共栄圏」構想が誇大妄想的な覇権主義だったのと同様に、小笠原諸島での植民行為を旧約聖書ばりの、「地に満ちよ」「すべて生きて動くものはあなたがたの食物となるであろう」式に正当化してしまう姿勢には疑問がのこる。

## 3-1
## 和人が不在だったオガサワラ

　小笠原諸島はユネスコの世界遺産（自然遺産）に登録されるなど、その独自な生態系をほこりにおもう日本人はすくなくないでしょう。また、一般住民が常住する父島／母島の存在はもちろん、海上自衛隊や陸上自衛隊の施設や気象庁の施設などを運営するために常駐する人員の存在ほか、ナショナリストらは「固有の領土」としてうたがわないでしょう。

　しかし、力作『近代日本と小笠原諸島――移動民の島々と帝国』(いしはら2007) でも詳細に記述されているとおり、「オガサワラ」という空間が「日本」となるのは1875年からにすぎません。そもそも19世紀初頭までは基本的に無人島でした。1830年から長期間にわたる入植がはじまるのですが、それもオアフ島からきた男女たちだったと (いしはら2007: 29, 107, 110-1)。こういった経緯が「無人島から寄港地へ」(3章1節) とされていることは、オガサワラという空間の成立最初期の本質を端的にしめしています。したがって、国際法上の「固有の領土」として位置づけること自体は不当ではありませんが、その歴史経緯が非常にあさいことは明白です。つまり、すでにのべた琉球列島など東シナ海地域や、北海道・千島列島等をふくむオホーツク海以上に、「固有の領土」としての基盤がぜい弱な空間というほかありません。なにしろ、明治政権の領土認識の前史というべき、19世紀前半には、高橋景保（かげやす）や渡辺崋山（わたなべ・かざん）らによる「無人島（ぶにんしま）」認識など、入植・定住の不在が、呼称にも端的にあらわれているからです[1]。

---

1　松尾龍之介『小笠原諸島をめぐる世界史』は、おびコピーにあるとおり「小

ウィキペディア「小笠原諸島」の「年表」にもあらわれているように、16世紀前半にスペインのガレオン船に発見されて以来、調査・探検が何度もくりかえされながら、移住民があらわれたのは1830年。八丈島からの和人たちの入植がはじまるのは幕末になって欧米列強と領土獲得・画定競争が激化する1863年。しかも、生麦事件の結果翌年には撤収するといった事態がおきます。日本政府が「小笠原回収委員」を明治丸で父島へ派遣したのは1876年でした（以上「年表」）。

　この500ページを優にこえる労作（全10章）のなか、第3章〜第5章 (pp.105-213) と、1864年までのオガサワラ「前史」に相当なページをさいています。それは、明治政府が実効支配を完了し、現在の島民の起源が誕生するまでに、和人不在の明白な長期がよこたわっていることがあきらかだからです。しかも、現在、すっかりその経緯がわすれられ、あたかも何百年もの「固有の領土」たる実態があったかのように錯覚されてきた神話的思考が放置されてきたからでしょう。


## 3-2
## 和人入植の歴史的含意

　こういった経緯のもと、和人入植の歴史的含意はなんでしょう。端的にいってそれは、帝国日本が典型的な「海洋国」（地政学モデルでいう"sea power"）として英米両帝国に範をとりつつ、「おい

---

笠原諸島はなぜ日本の領土になりえたのか」というといにこたえようとした歴史書であり、幕末で記述がおわっている。しかも記述の半分は無人島時代にあてられている（まつお 2014）。

つきおいこせ」で帝国主義的抗争にまきこまれる象徴的橋頭保[2]となった点。幕末当時、いまだに持続中だった「パクス・ブリタニカ」[3]に魅了されて、のちの「大東亜共栄圏」構想という誇大妄想的な夢想にとりつかれた帝国エリートたち。それは"sea power"の頂点大英帝国を凌駕し、新大陸はもちろん、太平洋そして中東の油田を支配するためにインド洋までも支配下におこうと増長していった新生帝国アメリカ（孤立志向たる「モンロー主義」と葛藤関係にある「パクス・アメリカーナ」志向）と、覇権闘争として衝突する宿命をせおっていたのです。

　小笠原諸島は、オホーツク海／日本海／東シナ海など大陸に隣接する水域とは異質な「外部」＝外洋に位置していました。それは、第一次世界大戦でドイツからせしめた太平洋の委任統治領へむけての「南洋」イメージの最初の橋頭保だったのです。各種の「ゴジラ」論が指摘してきたように、近代の日本人がイメージした「南洋群島」へのオリエンタリズムは、欧米の植民地主義とはことなり、

---

[2] 「橋頭堡（きょうとうほ、lodgement, bridgehead, beachhead, airhead）は、敵地などの不利な地理的条件での戦闘を有利に運ぶための前進拠点であり、本来の意味では橋の対岸を守るための砦（bridgehead）のこと」（ウィキペディア）。

[3] 「パクス・ブリタニカ（ラテン語：Pax Britannica（パークス・ブリタンニカ））とは、イギリス帝国の最盛期である19世紀半ばごろから20世紀初頭までの期間を表した言葉。特に「世界の工場」と呼ばれた1850年頃から1870年頃までを指すことも多い。イギリスはこの時期、産業革命による卓抜した経済力と軍事力を背景に、自由貿易や植民地化を時勢に応じて使い分け覇権国家として栄えた。周辺地域での軍事的衝突や砲艦外交による武力行使などはあったものの、ナポレオン戦争や第一次世界大戦の時期に比べれば、特にヨーロッパ中核地域は比較的平和であったことから、ローマ帝国黄金期の「パクス・ロマーナ（ローマの平和）」にならい「パクス・ブリタニカ（イギリスの平和）」と呼ばれる。」（ウィキペディア）。

「後進地域にくらす弟分」をリードするような気分＝「優越感」をあじわわせたのだとおもいます[4]【3章末補論4参照】。東アジア／東南アジアへの帝国主義的展開が、オキナワ体験をベースにしていたのだとすれば、南洋群島への帝国主義的展開は、オキナワ体験とオガサワラ体験の融合物だったと推定できます。アジア進出は、在来の水運から道路網／鉄道網を軸にした陸運へと転換していく帝国主義の変質とかさなるでしょうし、太平洋進出は、海軍がシーレーンを保障し、そのなかで商船・旅客船が定期航路を形成することで展開していったからです。

いいかえれば、のちの日中戦争や、その周辺で欧州の列強を駆逐して各地を支配下におさめていく東南アジア戦線、南アジア戦線が"land power"的進出（ドイツ陸軍が模範）であるのに対して、赤道など低緯度地域から列強を駆逐した帝国海軍主軸の作戦は大英帝国的な"sea power"としての進出でした。オキナワ体験は台湾体験など、一定以上の面積と人口をかかえた地域を支配・経営していく方向性としておしすすめられ（最大の被害者は朝鮮半島住民）、オガサワラ体験は、点在する島嶼、人口密度がたかいとはいいかねる海洋地域での覇権をおしすすめることになります。つまり、小笠原領有は、東アジア各地を拠点とした扇形の「西進」コース（大陸志向）とは反対に、「東進」「南進」という海洋志向の最初の突端となったのです[5]。たとえば前掲書も第8章の副題が「小笠原諸島と「南洋」の系譜学（1853-1910）」とされ、南進論にとって小笠原諸

---

4 『ゴジラ論ノート』（ましこ 2015a）を参照。

5 もちろん、南北の大東島であるとか八丈島なども無視できないが、植民地としての意義としては、重要度が歴然とことなるとおもわれる。なお、琉球列島への進出をふくめた「南進」論としては、やの (1975) および、ごとー (2015) 参照。

島が非常に重要な拠点だったことに着目しています。

　北海道が、アイヌ民族などだけでは、「固有の領土」論を構築＝正当化しきれなかっただろう経緯と同様に、小笠原が固有の領土として自明視されるためには、欧米系など、もと捕鯨船員たちの末裔を圧倒するだけの和人の定住が不可欠でした。ハワイ諸島の植民地化のために、オアフ島をはじめ島嶼地域の大半に先住者以外のアメリカ国籍者が定住する「必要」があったように、小笠原は北海道ほどではないにしろ、意識的に入植が計画された地だったわけです。それは前述したような南洋群島経営にも踏襲されていきました。現地住民よりも入植者がすくない点は、沖縄／台湾／朝鮮などでの構図がちかいのですが。

　それはともかく、前掲書の第9章（1877〜1945年）が「生き延びるためのたたかい」と題され、しかもその副題が「「帰化人」をめぐる動員とテロル」とされていることを確認しただけでも、おだやかではないことが了解されるでしょう。

　和人（「内地」出身者）たちよりずっと先行して定住していたはずの「帰化人」層は、太平洋戦争に先行して10年もまえにはすでに「日々憲兵隊から監視の対象となっていた」り、小笠原諸島が軍事要塞化するなかで、アメリカなど欧米と通じてスパイ等に変貌するのではないかと警戒視される様相がつよまっていたのです (いしはら 2007: 348, 361-6)。

　さらに太平洋戦争末期には、「1944年、日本帝国陸海軍は強力な要塞を擁する小笠原諸島において地上戦を企図し、小笠原諸島に住む約7000名の民間人を「内地」に疎開させる命令を発動した」「硫黄諸島や沖縄諸島などとともに、日本帝国によって、「内地」防衛のための防波堤すなわち〈捨て石〉に」されることになります。「「帰化人」と呼ばれた人びとも臣民の一員として「内地」に強制移住させられ」ることになりました。「内地」に身元引受人がいない

ばあいは、練馬に設置された「収容所」いきを命ぜられ、そこでは「ドイツ第三帝国下のゲットーや収容所における「ユダヤ人」とは異なって外出の自由は認められていた」ものの、「いつも身分証明書の携帯を義務づけられていた点では、「ユダヤ人」と同様の扱いを受けていた」し「「英語」の使用は禁じられ」、外出中でも「つねに監視下に置かれ、特別高等警察の吏員にいつも尾行されていた」ようです（同上: 376-7）。完全なスパイ容疑者あつかいといえます。

　「収容所」にいれられたうち、わかものは未成年だったにもかかわらず「軍務に徴用され、軍需工場での労働を命じられた」ようですし、米軍による空襲を機に脱走したものは、日本人だといっても信じてもらえず農家が食料をうってくれないので夜間に畑でぬすみをはたらくほかなかったとか、墜落したB29の搭乗員とまちがわれて、民間人に包囲され竹やりで刺殺されそうになったとか、収容所にはいらなかった層でも日本人だと信じない警官に警察署で拷問をうけたりするなど、「官憲や民間人から「鬼畜米英」とみなされテロルの標的となる危険の中に投げ出されていった」わけで、まさに「生き延びるためのたたかい」をしいられたのです（同上: 377-8）[6]。

　つまり、和人（「内地」出身者）の入植は、「帰化人」とよばれた層の「臣民」としての権利をつねにおびやかす力学を駆動していたといえます。なぜなら、小笠原諸島という植民地が、南洋群島に展開していく帝国日本の要衝として位置づけられ、対米英戦略上も地

---

[6] 一方、「帰化人」とよばれた層のなかには、「父島での軍務に応召したため強制疎開の対象とならなかった」人物が5名ほど確認されているようだが、かれらも「自らにふりかかってくるテロルに日々おびえながら、それぞれの場所で、生き延びるためのたたかいを余儀なくさせられていったのである」（いしはら 2007: 378-381）。

政学的な前線となるほかなかったからです[7]。

## 3-3
## 敗戦による米国支配時代

1945年の帝国日本の敗北によって、事実上アメリカの施政権下にはいった小笠原諸島は、1968年の日本への施政権返還まで和人を排除した空間と化します。戦後「帰化人」は帰島をゆるされましたが、和人たちは「内地」にとどめおかれ約四半世紀帰島をゆるされなかったからです (いしはら前掲: 399)。その点で、在来の住民が居住しつづけた（域内／域外での移住が多少からむとはいえ）琉球列島の占領状態[8]とは、まったく異質だった[9]といえます。米軍によって住居や墓地・共有地等を強奪され、居住空間をかえざるをえなかった層がすくなからずいたとはいえ、それでも近隣に一応くらせた沖縄島・伊江島住民と、小笠原諸島入植者とは、地理学的な意味で共同体の存立をふくめて異質だったと[10]。

---

[7] 制空権・制海権を維持しようがなかった机上の空論としての「絶対国防圏」構想をふくめ、小笠原諸島にとどまらない北太平洋における帝国海軍等の戦略がどんどん圧迫され、ついにはフリーハンドともいえた本土空襲にいたる構図については、エルドリッヂ (2008) 2章／3章参照。

[8] 厳密にいえば、住宅地や墓地など生活空間を米軍に強奪された住民は先祖伝来の居住空間から排除されてしまったのだが、ここでは議論からはずすことにする。

[9] 沖縄島／伊江島も、小笠原諸島も米軍の要塞と化した点では共通だが。

[10] もちろん和人系入植者が一掃されロシア系住民があらたに入植した千島列島・カラフトとも異質であるが、ここではふみこまないことにする。アイヌ民族など先住者の問題自体の方が格段に重要だからだ。

「帰島」をゆるされた、あるいは父島にとどまっていた「帰化人」たちは、米軍政のもと、英語を教授言語とする初等教育が展開されるなど、アメリカ式の文化にとってかわられました。しかも、戦前は帝国日本の監視対象下とされたかれらは、一転して、アメリカ軍によって移動や通信を監視されるたちばにかわったのです (同上: 400-7)。サンフランシスコ講和条約3条の規定は、日本が独立をはかると同時に、小笠原諸島や琉球列島に潜在主権（残存主権）があたえられ、そのうえで、日本政府が自主的にアメリカにこれらの島々を貸与するという、きわめて例外的な措置がからまっていたのです (同上: 407-8)。1951年には父島に米海軍の駐留軍司令官が常駐しはじめるなど、かつての帝国日本の軍事要塞だった地は再度秘密基地化されていきました (同上: 408-9)。

とはいえ、駐留軍が設定したコースが当時のわかものの進路を規定できたのは、高校卒業まで。その後は、法文上日本国籍でありながら、アメリカの市民権を獲得することもふくめた、多様な〈越境〉がはたせたようです (同上: 413)。

それと同時に、これら米軍政下でくらした島民たちの「自由」は、あくまで米海軍を軸としたアメリカ政府の北太平洋での覇権のもとでのはなしであることを、わすれてはなりません。それは、ハワイ州やグアムなどと通底した軍事植民地の一種であるという本質がついてまわっていました。すでにみたように、帝国日本の覇権が消失したからといって、地政学的な支配の欲望の対象からはずれたわけでは決してなかったのです。それは、そこにくらしつづけた島民の日常・人生がどんなに切実なものであり、代替不能な一回きりの実態であったという真実があったとしても、なくなるものではありませんでした。それは、海洋国家（Sea Power）として覇権あらそいを演じてきた帝国日本と帝国アメリカのせめぎあいのアリーナだっ

たからにほかなりません[11]。

## 3.4
## 施政権返還以降

　さて、1968年の施政権返還以降については、前掲書による概説を引用します(いしはら前掲: 415-6)。

　　1968年6月26日、小笠原・硫黄諸島の「施政権返還」式典が開催され、小笠原諸島は再び東京都に帰属することになった。アメリカ合衆国海軍は小笠原諸島から完全に撤退し、代わって日本国の海上自衛隊が父島・大村に駐留を開始した。

　　そして小笠原諸島では、1944年の強制疎開以来長らく「内地」にとどめ置かれていた「内地」出身者（の子孫）たちにも、帰島・再居住が認められることになった。しかし硫黄諸島には「施政権返還」を機に、アメリカ合衆国沿岸警備隊に加え、日本国の海上自衛隊第4航空群硫黄島基地分遣隊が駐留し始めた。そして日本国政府と東京都では現在でも、地上戦の際に残された「不発弾」と「火山活動」を理由として、強制疎開以前の住民（の子孫）が再居住することを認めていない〔中略[12]〕

---

[11] 小笠原諸島に関する返還交渉過程ほかについては、前掲、エルドリッヂ (2008) および、まさき (2013, 2014) 参照。

[12] ここでは、基本的には自衛官以外が常住することをゆるされなくなった硫黄 (いおー) 諸島の太平洋戦争以前の入植実態を大体イメージするために、ウィキペディア「硫黄島（東京都）」の記述をかりておこう。なお、「硫黄島」は「〜とー」「〜じま」と呼称が2様にわかれてきた複雑な経緯についてはおなじくウィキペディア「硫黄島（東京都）」の「島の名称」参照。

日本国は「施政権返還」に先立って、小笠原諸島の住民の（再）分類を行った。

　アメリカ合衆国の施政権下の小笠原諸島に帰島を許されていた人びと（の子孫）には、「在来島民」というカテゴリーが与えられた。強制疎開以降長らく帰島を許されなかった「内地」出身者（の子孫）は、「旧島民」というカテゴリーで呼ばれるようになった。「在来島民」はいっけん中立的な行政的呼称にみえるが、か

---

「戦前
島北部には元山部落、東部落、西部落、南部落、北部落、千鳥部落の6つの集落があり、元山部落には硫黄島尋常小学校と硫黄島神社が置かれ、島の中心となっていた。また、島には父島から派遣された警察官1名が駐在していた。島南部は海軍省によって要塞地帯に指定され、一般島民の立ち入りが制限されていた。

　当時の島内の産業は、硫黄採取鉱業、サトウキビ、コカ、レモングラス等の栽培農業、近海沿岸漁業等で、これらの産業は硫黄島産業株式会社が取り仕切っており、島民の大半は同社に直接、間接的につながっていた。島内での穀物生産は困難のため、米は本土からの移入に頼っていた。麻薬（医療用）使用目的としてのコカ栽培は、アジアではここと台湾だけであった。

　当時の島民の証言によれば、「きちんと稼げていた」とのことであり、絶海の孤島ではあったが、島民の経済状態は悪くなかったようである。

　島外との交通手段は、月1回の郵便船で母島へ渡り、そこから船で東京へ向かうルートと、2か月に1度の日本郵船（1935年1月8日に子会社の近海郵船に移管後、1939年9月8日で近海郵船が日本郵船に併合の為に再移管）の定期船「芝園丸」で東京へ直行するルートがあった。」

なお小笠原村の公式HPには「歴史年表」(http://www.vill.ogasawara.tokyo.jp/ioutou_history/)、PDF版 夏井坂聡子（監修：石原俊）『硫黄島クロニクル〜島民の運命（さだめ）〜』全国硫黄島民の会 (http://www.vill.ogasawara.tokyo.jp/wp-content/uploads/sites/2/files1/Ioutou_Book.pdf) が確認できる。

つての「帰化人」というカテゴリーをほぼそのまま踏襲していた。「在来島民」と「旧島民」の分類は、アメリカ合衆国が推し進めた「外国」出身者の子孫と「内地」出身者(の子孫)の分断を、日本国がふたたび上書きするものでもあった。

このように、小笠原諸島に入植した住民とその末裔たちは、日米両国の政治的なおもわくに翻弄された実に複雑な戦後史をあゆまされることになったわけです。国家というのは、欧米列強にかぎらず恣意的に国境線をひきあってきたし、そのひきなおしごとに、住民の生活をゆさぶってきましたが、小笠原諸島の近現代も、その普遍的な原理については、なんらかわるところがありませんでした。そして、北太平洋には典型的な "sea power" の筆頭アメリカ海軍がからんでいたがために、小笠原諸島の地政学的位置が0とみなされることなど、到底ありえなかったわけですし。

たとえば夏井坂聡子『硫黄島クロニクル〜島民の運命(さだめ)〜』の巻末の「謝辞」は、つぎのように、はじまります。

> 「帰れぬ故郷」への思いを抱く硫黄島島民同士が集まり、"同窓会"として始まった全国硫黄島島民の会。強制疎開後は散りぢりになってしまった島民たちが、年に一度だけ、川崎で再会する機会を作り続けてきました。

旧「硫黄島民」は「帰れぬ故郷」を共有して離散している「望郷の民」という点で、いわゆる千島/樺太への入植者とかぶってみえます。しかし、はなはだ不遜ないいかたをあえてするなら、それは、「無人島」として動植物の天地だった離島に、近代になってどやどやと入植者がのりこんできて、「年年歳歳花相似。歳歳年年人

不同」[13]という普遍的な原理が作用したにすぎないかとおもいます。

　もちろん、さらにふみこんでいえば、千島列島や樺太などは、アイヌなど北方少数民族の生活空間に日ロの両民族があがりこんだばかりか、「いなおり強盗」に豹変し、現在の住民は民間のロシア人たちが大半になったのに対して、硫黄諸島のばあいは「先住民」がいないところに入植民同士の興亡があり、現在は日米両軍がさまざまなおもわくの結果、民間人を排除して占拠しているという結果の差となって現在があると総括できるでしょう。ディープエコロジストの見解[14]に同意しないかぎりは、アイヌ民族等先住者の生活圏は、当然尊重されるべきなわけで、比較してしまえば、「北方四島」の「旧島民」関係者の「望郷」は、歴史的にははなはだ、はたいろがわるくみえます。

　他方、硫黄諸島のばあい、先住民がおらず、ものいわぬ動植物だけが「先住生命」だったということで、帰郷・再居住の権利は当然視されてしかるべきなのか、それはよくわかりません。しかし、その双方が近代における「植民」活動の結果にこだわった記憶群と継承運動であること、それらを人類の「出アフリカ記」という全世界への踏破・漂着と同質の「当然の行動」と位置づけていいかは微妙でしょう。伝統捕鯨や狩猟採集文化がエコシステムをはなはだしく毀損しない生業であったのと対照的に、近代捕鯨や近代化された牧畜が、乱獲・環境破壊・商業主義など、徹底した利己的人間中心主

---

13　7世紀唐代の詩人・劉希夷の代表作「代悲白頭翁」の一節 (ウィキペディア「劉希夷」)。自然界では毎年花が同様にさくなど基本的に変動がないのに対して、世間ははかなく毎年逝去がたえないこと。

14　たとえば《生態系内でヒトだけ突出した存在と自任するのは、旧約聖書的な生命観にすぎず、ほかの動植物を劣位とみなすべきではない》といった生命観／人間観。くわしくは、もりおか (1996) ほか。

義として決して正当化できない（せいぜい、大衆社会の必要悪と、ひらきなおれる程度）ように。まして、戦前のような露骨な植民地主義ではなかったにしろ、日米両国が戦後太平洋で展開した海洋空間での活動自体、政治経済学的に当然政治性をおびてみえる現在、民間人の植民活動が当然のように正当化できるかといえば、はなはだ疑問です[15]。

小笠原諸島がユネスコの世界遺産に登録されたという事実を、普遍主義にもとづいた福音と位置づけるのは、あまりに楽天的です。民間人が平和的な日常生活をおくっているのだから（おくっていたのだから）といった論法で過去や現在を全面的に正当化できないことはいうまでもありません。「世界遺産」登録にもとづいて、固有種保全に協力的な島民・隊員たちばかりであれば、それで普遍主義にたてるのかといえば、そうではないはずですし。旧約聖書的な独善的かつ人間中心主義的な世界観[16]は、たとえば近代に、北米大陸での「西部開拓」という侵略行為を「明白なる使命」（Manifest

---

15　すくなくとも米海軍や沿岸警備隊が地政学的な計算と無縁であり、全人類的で、かつエコロジカルな発想で日常業務や戦略を実行しているはずがなかろう。かれらは、「善意」にもとづいた「善人」たちだらけかもしれないが、トランプ新大統領が奉ずる「アメリカ・ファースト」と本質的に同一な理念のもと、太平洋を舞台に任務をこなしているはずだから。沖縄島・伊江島にあくまで執着して基地の維持、新基地の建設をはかる日米両政権の本質が、あからさまな軍事植民地主義者の巣窟といって過言でないように。

16　たとえば、創世記第9章冒頭の「神はノアとその子らとを祝福して彼らに言われた」「生めよ、ふえよ、地に満ちよ。地のすべての獣、空のすべての鳥、地に這うすべてのもの、海のすべての魚は恐れおののいて、あなたがたの支配に服し、すべて生きて動くものはあなたがたの食物となるであろう。さきに青草をあなたがたに与えたように、わたしはこれらのものを皆あなたがたに与える。……」といった、あまりに自己中心的な世界観・生命観。

Destiny）と合理化するなど、植民地主義／レイシズムを正当化するときの「したじき」になっていたでしょう。欧米列強の独善性を超克すると称した「大東亜共栄圏」構想が誇大妄想的な覇権主義だったのと同様に、小笠原諸島での植民行為をたとえば「すべてのもの……は恐れおののいて、あなたがたの支配に服し、すべて生きて動くものはあなたがたの食物となるであろう」式に正当化してしまうのは、少々慎重になるべきだろうと。動植物への（無自覚・無邪気・独善的な）蛮行と同様の論理が先住者にくりかえしくわえられたことは、新大陸はもちろん日本列島各地で確認することができます。それらの本質が「こと小笠原諸島への植民にかぎって無関係」とはさすがにならないでしょうから。

ヒトは動植物と共生することも実際あるし[17]、近世以前の農林業などが比較的自然に即した生活文化であったことはたしかでしょう。つまり、近代の搾取的な生産・消費（化石燃料を動力源として自然界から急速に資源を収奪するシステム）にはいるまえの在来のくらしは、生態系と「なかよし」といってよいでしょう。しかし、小笠原諸島をはじめとする近現代の入植は、生態系と先住者への侵略的な姿勢が付随する宿命をおびていたというほかありません。すでに自生していた動植物・生活文化への破壊的作用をおよぼしてしまう存在としての移動だったからです[18]。前述したディープエコロジス

---

[17] たとえばアイヌ民族、また北米・中南米にひろく分布した広義のネイティブ・アメリカン等「新大陸」（これ自体、実に植民地主義的な自己中心性が露呈した表現だが）の先住者たちの在来の生活文化（狩猟採集と簡素な農業）まで、生態系から遊離し搾取的・浪費的な厄介な存在だったはずがなかろう。

[18] たとえば現代のアメリカ国民の大半は、自分たちの先祖がゆたかな資源を開発して史上最大の裕福な大国を建設したと信じているはずだ。しかし、

トに賛同しなくても、現代人のかかえる「原罪」を、それこそ罪悪感をもってかみしめるしかないでしょう。北海道開発と同様、小笠原諸島入植は、近現代人のつみぶかさを意識させられる歴史をたどってきたと。

そして、再度問題提起するとすれば、小笠原諸島は依然として日米という帝国主義をかかえた経済大国の地政学的要衝のひとつであることをやめていないという現実です。海上自衛隊の父島基地であるとか、米軍も利用可能な硫黄島航空基地／海上自衛隊南鳥島(みなみとりしま)航空派遣隊基地であるとか、日米両軍は小笠原諸島を拠点としててばなす気配などカケラもないし、日本政府は排他的経済水域の拠点として、これらの諸島を死守しようという姿勢をくずさないはずです。

## 【補論4：社会ダーウィニズムがもたらした抑圧移譲としての大アジア主義】

心理学者岸田秀や政治学者丸山眞男(真男)らが指摘してきたように、帝国日本の指導層は、「よわいもの」イジメに奔走した。かれらは欧米列強に植民地化される危機をかろうじてしのいだという恐怖感を共有し、一方では周辺の発展途上空間を未開視する「脱亜入欧」志向を一層強化し、他方周辺地域（てはじめに東アジア地域）を劣位と位置づけ、啓発運動の名目をかかげて半島・大陸に勢力拡大をはかった。「抑圧移譲」は、単に天皇制下の相対的序列に貫徹されるだけでなく、欧米列強＞帝国日本＞アジア地域という政治経済上の序列関係（当時支配的だった「社会ダーウィニズム」の

---

それが先住民族の生活空間の強奪なしには進行しなかったことはもちろん、リョコウバトを絶滅させるなど生態系に深刻な破壊的影響をあたえてきた。

コピー）を自明視した、暴力性のコピーだった（きしだ1982: 18-9, まるやま2015: 24-37）。

　この構図で重要な点は、欧米列強の植民地経営が、現地エリートのみ同化して二重支配でよしとする方針にたち、たとえば英語等の学習システムを導入する気がなかったなどを特徴としていたのに対して、帝国日本の植民地経営は、あくまで「一君万民」イデオロギーにもとづく同化主義によって「帝国臣民」を拡大再生産していくという理念にたっていた点である。そこでは、経験豊富な年長者が無知蒙昧な年少者を愛育するという理想化がタテマエではあれ一貫していた。イメージすべきは、体育系サークルでのシゴキなど、暴力性の合理化（サディズム）による「調教」イメージである（ましこ『愛と執着の社会学』第6章）。

　おそらく無自覚な華夷秩序のコピーだろうが、旧江戸城（＝「皇居」）を象徴的・地政学的な中心として、東アジア／東北アジア／東南アジア／南アジア／西アジア／北太平洋などが同心円状にイメージされたものが、のちの「大東亜共栄圏」構想という誇大妄想的進出論である。南洋群島に入植した和人たちと、のちに太平洋戦争でオランダ／英米勢力とたたかう兵士たちは、主観的にはアジア太平洋の現地住民の「兄」のつもりであったと推定できる。「ゴジラ」をはじめとした大怪獣のおおくが、赤道ちかくの太平洋上のどこからか北上してくるというイメージは、「故地」としての南洋イメージを基盤としており、「南洋」の現地住民は、帝国日本を先端とする東亜文明をまなんで進展すべき発展途上地域だったのである（そこにはもちろん、無自覚なキリスト教徒らによる「宣教」イデオロギーがコピーされているであろう）。

# 4章
# コロニアルなニッポン再考

**本章のあらまし**

以上3地域を歴史的にみてきたように、戦後日本が植民地を全部放棄して本来の民族国家に回帰したといったイメージは神話・幻想のたぐいにすぎない。日本列島周辺の植民地は、北海道や琉球列島などとして依然として帝国日本の「遺産」として確保したままだし、旧植民地出身者が永住者として定住している経緯が、まず直視されねばならない。さらに、太平洋戦争での完敗によってアメリカ帝国の植民地と化した日本列島は、安保体制をはじめとして、軍事植民地として戦後一度としてその本質をかえたことがなかったことから、日本国民は直視をさけつづけたきた。それは、日米両政権共犯による洗脳工作の産物である。そして、そのツケをもっとも象徴的かつ露骨におわされているのが、沖縄島・伊江島の二島にほかならない。その意味で、日本列島自体が帝国主義の一環としての植民地自身にほかならず、沖縄島周辺は、第一に安保体制下における米国の直接支配として、第二に日本政府の統治下という間接支配として二重の軍事植民地であり、日米両政権と両国民は同地域に依存・寄生しつづける植民地主義者たちといってよい。そして、こういった植民地主義的な安保体制があるがゆえに、「北方領土」返還運動は、ロシアがわに絶対受容されない宿命をおびている。それは、ロシアがわが領土意識に異様に固執した膨張主義者だからというより、日本のシベリア開発協力をえるために、極東に米軍基地の最前線が構築されるというリスクをあえておかさねばならないからだ。日米両政府に洗脳された国民は、あたかもレコンキスタに努力しているかのように演出する外務省ほかの茶番にだまされつづけてきたのである。

## 4-1
## コローニアエ ヤポニカエ（ニッポンの植民地）再考

　以上3地域の植民地状況の経緯をふりかえることで、日本列島／琉球列島がさまざまな意味で植民地状況として終始してきたことが確認できたとおもいます。問題の本質は、植民地状況であったこと自体にとどまらず、その現実／本質が全然かたられてこなかった点です。たとえば、近年沖縄県紙が、「植民地」あつかい[1]といった表現を公然ともちいる時代なのに、それを必死に否定しようとする論調は、右派を中心に（中国の南シナ海情勢とからめて）ひろがっています[2]。ナショナリストたちにとっては、《日本列島周辺に不当に支配されている空間がある》というイメージ自体が不穏当に感じとれるのでしょう。しかし、すくなくとも、沖縄県民の相当数が、沖縄島をはじめとした島々が日米両国の植民地であるという歴史認識をもっているし、薩摩藩の植民地だったという経緯を否定するひとは年配者では例外的少数のはずです。そして、北海道民の年配者の相当数は先々代ぐらいが、明治期に「植民」した記憶を継承しています。メディアも一部は歴史をふりかえります（映画『北の零年』

---

[1] たとえば「「殺害」示唆　植民地扱いは限界だ　許されない問題の矮小化」（『琉球新報』2016.5.21）といった〈社説〉や、「高江ヘリパッド建設計画を巡る緊急非難決議では、新基地建設計画に反対する候補者が勝利した参院選の翌日に約800人の機動隊員を動員され、抗議する住民らが排除されたことに、「日本政府が沖縄を植民地と捉えている」などと厳しく批判」といった記事（「高江ヘリパッド中止求め決議　米国初、最大規模の退役軍人の会」『沖縄タイムス』2016.8.15）など。

[2] たとえば「翁長知事　植民地」や「沖縄県知事　独立」といったキーワードで検索をかけると、反感にみちた無数の攻撃的記事をみつけることができる。

2004年etc.)。

　反中系の右派は、中国が共産党政権成立後、チベットやウイグルなど、おもに西部の少数民族を弾圧してきた歴史的経緯をはげしく論難します。しかし、朝鮮・台湾での植民地支配の負の側面を矮小化し、インフラ整備ほか近代化政策を過大評価するのと同様、アイヌ／琉球列島住民への同化政策や蔑視などはケロりとわすれさっているようですし、そもそも植民地化したのだといった歴史認識が欠落しているのです。《中国共産党がくりかえした弾圧とちがって殺戮などはない》という反論は正当かもしれませんが、先述した「人類館事件」(1903年) や、関東大震災直後の朝鮮人労働者[3]の大量虐殺、沖縄戦下でのスパイ視＝処刑事件などは、蔑視と疑心暗鬼を象徴する事実であって、汚点というほかないでしょう。はげしい中国バッシングは、そういった「不都合な真実」と南京大虐殺／従軍慰安婦等醜悪な現実とを直視できないできたことの、うしろぐらさのせいではないでしょうか[4]。

　いずれにせよ、以上のような問題提起にすこしでも発見や不安を感じたとすれば、「植民地」が、日本国外だけの現象のことであり、日本列島周辺には無関係なのだと、洗脳されてきたことをしめしています。学校教科書や参考書、そしてテレビ・新聞・雑誌などをと

---

**3**　事実上の労働移民が制限されてはいたが、当時は法制上帝国臣民＝「日本国籍」だったことに留意。

**4**　南京大虐殺／従軍慰安婦等醜悪な歴史的事実をあたかも存在しなかったようにいいはり、指摘すると逆ギレしたり、「反日」分子あつかいするヘイトスピーチが日本ではまかりとおってきた。従軍慰安婦問題を封印しろといった運動を著名な作家や政治家がにない、大出版社がそれに協力する。これら歴史修正主義を筆者は「なかった論」として一括してとらえる視座を提起してきた（ブログ『MASIKOの日記』）。これら、時代錯誤な反動的うごきがやまない構造については、別稿にゆずることとする。

おした、長期的な低線量被曝のような影響力です。

ここでは、「戦前はたくさんあった植民地（＝戦後は全部喪失した「外地」）」という歴史観を全面的にあらためる検証をしていきましょう。

### 4-1-1　多民族帝国としての近代日本の成立

くりかえしになりますが、近代日本は、多民族帝国として成立しました。琉球列島／オホーツク海周辺／小笠原諸島は、あきらかに「大和人」「和人」ではない先住者たちの生活圏を「日本領」として併合したものです。さらに帝国大学まで設置された台湾島／朝鮮半島とそれらの周辺も併合対象でした。第一次世界大戦でドイツから継承した北太平洋の委任統治領、日中戦争前後から勢力下においた満州国や仏領インドシナ、オランダからうばったインドネシアなど、敗戦直前までの帝国日本の勢力範囲は、海域としてかんがえるかぎり、かなりの大帝国だったといえます。

近代日本の成立とは、ドイツ／イタリアなど後進資本主義国家の「統一」と同質の過程とみなされがちですが、本質的にちがいます。たしかに、「版籍奉還／廃藩置県」などは、プロイセンを中心に中欧の公国・諸侯領などが統合されドイツ帝国が成立した（1871年）経緯と共通点があります。しかし、北海道／小笠原／沖縄県の領土化＝植民地化は、在来の「和人」「大和人」の生活圏以外へのあきらかな「進出」なのですから[5]。そして、すでに指摘したように、特に1895年から1945年にいたる半世紀は、一種異常な肥大化過程といえます。1870年代におもに展開した、日本列島に隣接する南北

---

5　日清戦争後さえ世襲の知事を擁立しようとしたなど、琉球士族たちの19世紀末の動向を想起。

への植民地主義の展開がすんで20年前後。帝国日本は、「せのび」といったたとえでは、たりないムリをしでかしていたことは、夏目漱石らによって自覚されていました。

> ……第一、日本程借金を拵（こし）らえて、貧乏震いをしている国はありゃしない。この借金が君、何時になったら返せると思うか。そりゃ外債位は返せるだろう。けれども、そればかりが借金じゃありゃしない。日本は西洋から借金でもしなければ、到底立ち行ゆかない国だ。それでいて、一等国を以て任じている。そうして、無理にも一等国の仲間入をしようとする。だから、あらゆる方面に向って、奥行を削って、一等国だけの間口を張っちまった。なまじい張れるから、なお悲惨なものだ。牛と競争をする蛙（かえる）と同じ事で、もう君、腹が裂けるよ。……　　　（夏目漱石『それから』[6]）

漱石は、まずは戦時国債など、バランスシート上の負債を問題にしていますが、「借金」のなかには、過去の「お雇い外国人」など知的債務（後進性＝文化的「輸入超過」）がイメージされているでしょう。そして、「腹が裂けるよ」と主人公・代助にかたらせているのは、台湾島周辺につづいて朝鮮半島までも勢力下においた帝国日本の領土上の肥大化（広域化した多民族帝国としての課題の急増）も含意していたとかんがえられます。

### 4-1-2 「敗戦＝植民地喪失」という共同幻想

では、敗戦後は、サンフランシスコ講和条約による領土放棄など

---

[6] 青空文庫から（http://www.aozora.gr.jp/cards/000148/files/56143_50921.html）。
初出：「東京朝日新聞」、「大阪朝日新聞」（1909年6月27日〜10月4日）

で、植民地は全部なくなり、「固有の領土」にもどっただけなのでしょうか? すでにのべたように、琉球列島／オホーツク海周辺／小笠原諸島が併合によって日本領土と化した経緯がはっきりしている以上、「大和人」「和人」たちが進出（＝侵略）した空間なのであって、敗戦によって植民地を全部喪失したわけではないことは明白です。「植民地を全部うしなって固有の領土にもどった」という、戦後信じられてきた史観から「卒業」しましょう[7]。領土ナショナリストが問題としてきた、「北方四島」や千島列島、サハリン島南部、竹島、尖閣諸島などよりも、「同心円」上「中央部」によりちかい空間（北海道〜琉球列島）の「辺境」自体が、まぎれもない「植民地」だったのです。

それだけではありません。宗主国としての帝国日本には、併合された東アジア諸地域から、大量の植民地出身者が流入し、相当数が定着していました。台湾島周辺／朝鮮半島はもちろん、外国人居留地に流入した清国人など、さまざまな民族的少数者が定住した実態が、戦後もひきつがれたのです。「中華街」などはその典型例です（横浜中華街／神戸南京町／長崎新地中華街）。

広範な海外領土をうしなったという喪失感が右派ナショナリストには共有されているでしょう。また、日本共産党など左派ナショナリストにとっては千島列島を例外として「固有の領土」に復旧した、といった領土観があるでしょう【4章末補論5参照】。しかし、そもそも、戦前の植民地主義の痕跡は、しっかり戦後にひきつがれているのです。

---

[7] 戦前戦後をとおして、領土面のみならず領民としての「日本人」自体が変動しつづけた経緯については、小熊英二『〈日本人〉の境界』が代表的な包括的文献といえる（おぐま1998）。前身となった『単一民族神話の起源』も必読文献（おぐま1995）。

その最大の民族集団が、在日コリアンであり、「ヘイトスピーチ」の主要な標的でもあることは、非常に重要な意味をもちます。(日朝関係が改善されたことは過去にないとおもいますが) 日韓関係・日中関係など対東アジア関係の動静にかかわらず、一貫して在日コリアンが攻撃され、特に「在日特権」といった、ありもしない「既得権」が幻視されて、攻撃材料につかわれているのですから、右派ナショナリストの帝国意識は、非常にいびつです。おそらく、中韓台の経済力が日本の資本主義市場を包囲・競合するようになり、「資本主義社会世界第二のGNP」とか「Japan as No.1」などと内外で喧伝されていた「栄光の時代」が完全に過去化したので、「落日の帝国臣民」は、あせりにあせっているのでしょう。しかし、中韓台の経済力の急伸のカギは、戦後日本の高度経済成長期のコピーによる「後発効果」であり、冷静にふりかえれば、それこそ日本のナショナリズムをくすぐる「日露戦争」にまさる要素のはずです。「没落した帝国」である英国が、覇権上は米国に完全に屈したのちも、さまざまな意味での世界標準でありつづけているように、マレーシアで超長期政権をひきいたマハティール (1925–) が「Look East」と賞揚した経緯[8]、台湾市民のおおくが「親日派」であることなどは、実際、右派ナショナリストにとどまらない、日本人のプライドの源泉かとおもいます[9]。《戦前の植民地経営こそ台湾や朝鮮半島の繁栄の基盤なのだ》といった論理は、再三くりかえされてきま

---

8　ウィキペディア「ルックイースト政策」参照。

9　実際現代日本では、右派にかぎらず、台湾の親日派 (「哈日 (ハーリー) 族」) や台湾ほか東南アジアでの日本食ブームなどの親日的傾向が大すきであり、さかんに喧伝してきたし、非アジア圏における日本ファンをさがすことにはマスメディアも積極的だ。ウィキペディア「哈日族」、おなじくウィキペディア「世界！ニッポン行きたい人応援団」など参照。

したし。

　いずれにせよ、帝国日本は戦前にアジア太平洋各地を植民地化し、その「遺産」を現在もひきずっているわけで、それは完全喪失もしていなければ、「負の遺産」の清算もおわっていません（従軍慰安婦／帰還兵問題をふくめた戦争被害者への戦後補償etc.)。戦前の留学生や軍人など、近代日本のシステムを故国にもちかえって活用したケースも無数にあります。ここでは、翻訳漢字熟語の「輸入」「土着」、琉球唐手→空手道→テコンドーといった伝統武術の変転などをあげておくことにとどめます。

　そしてなにより、日本政府＝国民は、昭和天皇の遺志＝天皇メッセージを後生大事にまもりぬいて、沖縄島・伊江島を中心に、巨大な軍用地をアメリカ政府にささげつづけてきました。現地からどんなに反発があろうと、米軍への「ささげもの」を維持するためには、必死に努力する（ウィキペディア「駐留軍用地特措法」、同「思いやり予算」参照）。近世期に琉球列島を植民地化していた薩摩藩を継承するかたちで琉球列島を近代国家にくみこんだ帝国日本は、当然、戦後も連続性をもっています。「唐ぬ世から大和ぬ世、大和ぬ世からアメリカ世、アメリカ世からまた大和ぬ世」という慨嘆は、歴代中華帝国の冊封体制から、ヤマトの支配にくみこまれ、幕末以降は日米両政府に翻弄・支配されつづける宿命だった経緯があるからです。「植民地支配から永遠に訣別し、すべての民族の自決の権利が尊重される世界にしなければならない。」（『平成27年8月14日 内閣総理大臣談話』[10]）と、安倍首相がのべたとされるセリフが笑止千万なことは、いうまでもないでしょう。露骨な軍事植民地である現在を予言していた「天皇メッセージ」のシナリオについて、なんら改

---

**10**　首相官邸（http://www.kantei.go.jp/jp/97_abe/discource/20150814danwa.html）

善のてをうたず、むしろ、イヤがる米軍首脳部にすがりついて在沖米軍の維持に汲々としている日本政府を代表した発言として、はじしらずとしかおもえません。米軍による支配を「植民地支配」とみなさず、独立論や自治区を主張する琉球列島のひとびとの意思などを黙殺する。米軍基地新設（辺野古・高江）を強行しながら、「自決の権利」をうたうのですから。

　オキナワのひとびとが、かならずしも別「民族」とかんがえてはいないことも事実です。しかし、「駐留軍用地特措法」をもって「一の地方公共団体のみに適用される特別法は、法律の定めるところにより、その地方公共団体の住民の投票においてその過半数の同意を得なければ、国会は、これを制定することができない」とする規定（憲法95条）を露骨に無視した政府の姿勢は、完全な違憲状態です。どうみても「おなじ（平等）国民」とみなしていないことは明白でしょう（ましこ2010）。「日本国内には植民地が存在しないし、異民族はごく少数しか常住しない」という政府・与党・右翼らの主張は歴史的根拠がないばかりでなく、植民地主義を隠蔽するイデオロギーであり、国民に集団催眠をかけるための、デマカセ／ウソのたぐいです。

　その意味で、中国共産党政権をあしざまにいいたがる右派ナショナリズムは、みずからの「植民地主義」「帝国主義」を否定するという認識・姿勢において「おなじあなのムジナ」であり、ただごつごう主義的に基準をきりかえた攻撃性です。まあ、アメリカという典型的な帝国主義国家の属国なのですから、それ以外の選択肢など、ありえないのでしょうが。

## 4-2
# ヤポーニア コローニア（植民地としてのニッポン）再考

　オキナワ篇（1章）でのべたように、琉球列島は日米両政府による二重の植民地であり、冒頭でのべたように、日本列島は米国政府の植民地（日米安保条約が日本国憲法に優越する構造＝潜在的植民地）です。本節では、「オキナワはともかく[11]、日本は主権国家だろう」という信念がいまだにゆるがない読者にむけて、「倒立実像」を提供しようとおもいます。

### 4-2-1　親米保守の貢ぎ物にモンクをつけない反米右翼の不思議

　以下（少々ズルいと感じられるかもしれませんが）説明の方便上、「親米保守」だとか「反米右翼」といった分類は、操作的な虚構ないし「理念型」としてすすめさせてもらいます。なぜ、そうするかといえば、説明が一挙にラクになるという、手法上の方便もあるのですが、なにより、これらの分類概念を実体の有無、説明仮説の妥当性で立証しようとすると結局なにも解明できないという、ふくろ小路へとまよいこんでしまうことがわかるからです。

　より具体的にいえば、「親米保守」の具体的政治家、「反米右翼」の具体的活動家をみつけだして、かれらの言動を実証的に解析していくことには、そもそも致命的な欠陥があるということ。端的にいえば、具体的な政治家のなかに、「親米保守／反米右翼」という、本来あいいれないはずの政治ベクトルが実は共存している。いや、

---

11　「オキナワはともかく、日本は主権国家だろう」という、この二重の基準を自明視した位置づけこそ、植民地主義の矛盾を沖縄島周辺にシワよせした「抑圧移譲」（丸山真男）なのだが、くちばしってはじない日本人のほとんどは、みずからの破廉恥ぶりに無自覚だろう。

ホンネでは矛盾対立しているのかもしれないけれども、すくなくとも表面化する言動においてはあたかも矛盾しないかのように、一政治家の政治理念として複数の要素が選挙民に容認されているということです。

たとえば、安倍晋三という政治家は、典型的な「親米保守」として日米同盟の重要性をうたうのですが、すくなくとも歴史認識において、アメリカ政界の主流派による総括を受容しているとはおもえません。たとえば、安倍らの歴史教科書についての検討会でかわされていた議論をみるかぎり、誇大妄想的な大東亜共栄圏構想の理想を全否定したはずがない[12]。従軍慰安婦など戦時動員の暴走についても、政府や皇軍が積極的に関与したとはみとめていない。なにより、日本国憲法はGHQの左派分子の暴走でできあがってしまった「鬼っ子」にすぎず、まぎれもない「押しつけ憲法」にほかならない。だからこそ、現代の日米同盟が維持される意味でも、あしでまといにしかならないので、「改憲」ののちには「自主憲法制定」しかない。反核勢力がねづよいので、すぐに核武装はできないものの、米国政権の核配備容認派が前面にでたら、当然核開発して「核大国リーグ」に参入、そして国連安保理の常任理事国いりだ。中ロの反対が当然でるだろうから、ドイツ／韓国との交渉も必要だろう……。これが、安倍ら周辺の右派系政治家の信念のはずです。自民党結党時の党是なのだし。

そして、これらのホンネについて、「ジャパン・ハンドラー」ら、日本の政治的・経済的支配を画策してきたアメリカ政権周辺の勢力は、充分熟知している。そのうえで「親米保守」的な側面だけで行

---

[12] 日本の前途と歴史教育を考える若手議員の会編『歴史教科書への疑問』(1997年)、日本の前途と歴史教育を考える議員の会『南京の実相――国際連盟は「南京2万人虐殺」すら認めなかった』(2008年)。

動するよう、きびしく規制してきたと。外務省とか防衛省の主流は、そういった面従腹背にもとづく微妙なバランスのうえに、「親米的」な国連加盟国としての地位向上をはかってきたはずです。たとえば、内閣法制局が、現行の憲法第9条の立法趣旨からして、防衛力は保持できても海外で集団的自衛権を行使することはできない、といった解釈を一貫して国会等でくりかえしてきたのは、その端的なあらわれです。

さて、「親米クン」というキャラがどう行動するか、おもいうかべてください。一貫して米国の民主化政策の優等生、とよばれてきた戦後日本は、アメリカ政界にとって戦後最高の作品ともいうべき「自慢のむすこ」のような存在です。もちろん、アメリカ経済を相当程度けん引してきた自動車産業を一時斜陽化させる[13]など、「アメリカの忠実なコピー」のしすぎでアメリカ経済界をゆさぶり「ジャパンバッシング」[14]などを誘発したこともありました。しかしそれ

---

13 いわゆる「ビッグ3」の一角にして、「フォーディズム」(トヨティズムの源流)という歴史にのこる経営モデルを開発したフォード・モーターの凋落ぶりを自嘲気味にえがいた映画『グラン・トリノ』などが、企業城下町の変貌ぶりを象徴している。

14 1970年代にはじまるアメリカの対日感情の急速な悪化による攻撃的風潮を、日本がわが被害者意識からかたる際の一群の現象。東芝機械ココム違反事件(1987年)などのばあい、「アメリカ合衆国では東芝の製品を輸入禁止とするなど問題に対して厳しく対応した。ホワイトハウスの前では連邦議会議員が東芝製のラジカセやTVをハンマーで壊すパフォーマンスを見せるなど感情的な反応も見られた。議会において東芝追及の中心人物であったハンター下院議員は、輸出によりアメリカ兵が命の危険にさらされたと東芝を厳しく批判し、さらにアメリカの原潜がソ連原潜を探知できる範囲が50%減少したため5から10年内に300億ドルを投じて30隻の新型原潜を建造する必要が出てきたと主張」(ウィキペディア「東芝機械ココム違反事件」)するなど、超大国としては、かなりみぐるしい反応をみせた

でも、すくなくとも軍事同盟や外交関係に関しては、理想的な「部下」を演じてきたといってさしつかえないでしょう[15]。「親米クン」はアメリカ政府による各国・政治勢力の位置づけを基本的に甘受します。たとえば、アメリカと友好国となれば、日本にとっても友好国となります。イスラエルを訪問した小泉首相がユダヤ教徒でもないのにキッパー（男性がかぶる帽子状の民族衣装）を着用してメディアに写真を報じさせたのも、日本とイスラエルは友好関係にあるというアピールでした。それはアラブ世界に包囲されて孤立しているイスラエルを強力にサポートしてきたアメリカとの同盟関係のアピールでもありました。戦後台湾島周辺だけを実効支配していた中華民国をずっと国連安保理の常任理事国としてあつかってきた大

---

こともある。

　ただ、たとえば、アメリカ経済界を象徴していたともいえるロックフェラー・センター（ニューヨーク）を、三菱地所が1989年10月に約2200億円で買収したケースは、バブル経済期の成金的「ジャパンマネー」による海外資産買いあさりの象徴的な例といえる（ウィキペディア「ロックフェラー・センター」）。ニューヨーク市民にとどまらずアメリカ国民の反感をかったのは、当然といえよう。経済的背景としては、ウィキペディア「日米貿易摩擦」や、同「日本の経済論争」の「1980年代後半から1990年代半ば」など参照。

15　もちろん、冷戦崩壊後の対中ロ関係や、それにさきんずるアジアとの経済関係について、つねに日本がアメリカの想定どおりに行動してきたわけではない。たとえば、石油ショックを機に、石油メジャーからの自立をはかってインドネシアとの資源外交を展開しようとした田中角栄は、現地で反日デモにあったり、その後アメリカ政府のリークとうたがわれるロッキード事件で失脚するなど、アメリカ政府の意向に反する姿勢をしばしばとってきている。いささか「陰謀論」的な印象がぬぐえないが、不自然なタイミングでの有力政治家のスキャンダル発生は、いわゆる「ジャパン・ハンドラー」が「企画」した事件なのだという疑惑がかたられてきた。田中角栄が経験した東南アジアでの反日デモも、うわさされている。

国連合でしたが、アメリカは突然みかぎって、北京にある共産党政権と和解しました(冷戦体制下、ライバル国ソ連に対抗するためでしたが[16])。日本も戦後ずっと中華民国を正式の中国政府とみとめていましたが、アメリカが中華人民共和国にのりかえると、てのひらをかえしたように、国交回復をはたしました。アメリカの敵国は日本政府にとっても自動的に敵国を意味するのです。大義名分など全然なかったイラク戦争の際も、国内のつよい反対をおしきってアメリカほかの多国籍軍をまっさきに支援したのも日本政府でした。アメリカ政府の優等生「親米クン」の行動原理としては、あまりにも当然でした。「追従外交」といわれるゆえんです。

1章のオキナワからみた植民地主義でもそうでしたが、「親米クン」の行動原理に即してほとんど自動的な外交上の反応がくりかえされることになりました。「天皇メッセージ」という昭和天皇の遺志をまもり、それこそ「千代に八千代に」不沈空母を提供しつづけるという姿勢も、「親米クン」には、それ以外の選択肢が視野に浮上しないという防衛機制的産物です。せいぜい「トリップワイヤー」としての在沖米軍を死守するため、イヤがる米軍首脳にとりすがり、ありとあらゆる施策・制度(たとえば「思いやり予算」)を用意する点でだけ「自律性」をもつというべきか【1章5参照】。

いずれにせよ、沖縄島・伊江島の軍用地などは、あきらかな「ささげもの」です。左派ではない、おそらくリベラルを自任する[17]国

---

16　冷戦下における中ソ対立の浮上は、「敵の敵は味方」構造を出現させた。ニクソン／毛沢東に代表される米中首脳にとって敵国ソ連を軸として「敵の敵は味方」戦略が一致をみた(双方の国内情勢や、中国の国連加盟を支持する勢力の増大などベトナム戦争終結にむけて国際情勢は激変していたが)。概略はウィキペディア「ニクソン大統領の中国訪問」など。

17　右派勢力の人物の一部は、自分たちが容認しがたい見解を侮蔑するため

際政治学者は、在沖米軍基地に着目して、つぎのように、のべています。

>　……普天間基地や嘉手納基地、キャンプシュワブなど沖縄本島に点在する米軍基地を、機能的な主権で考えてみよう。ウェストファリア的な法理に立てば、主権国家たる日本が米国と協定を結ぶことで、日本の領土たる沖縄の地に米軍基地を供与した、となる。したがって、沖縄の基地も日本の主権下にあるのだが、自らその基地空間の施政や管轄を米国に委ねたと理解される。
>　しかし、そこに暮らす人々の目にはこの光景は違って見える。すなわち、本来は自分たちが使える広大な空間がフェンスで仕切られ、特別な場合にしか入れない。そしてその許可を出す権限は日本政府ではなく米軍がもつ。さらに米軍は基地の外でもさまざまな特権をもち、生活はフェンスで分断されているだけでなく、現在の生活圏も浸食されている。分断空間論の視角では、沖縄の人々の反基地闘争は、奪われた空間の回復、つまり生活圏を取り戻そうとする運動の一つとして位置づけられる。
>　それでは、この状態で日本に主権があると言えるのだろうか。

---

に、「左巻き」というレッテルばりをする。しかし、一般に「左巻き」バッシングする層は、自分たちが「中道」だと信じているのが普通である（実は無自覚な右派が社会民主主義勢力やリベラル層の主張を非現実主義／妄想のたぐいと侮蔑することで「左巻き」認定が多発する）。一方、左派の大半のばあい、右派勢力を「右巻き」などと侮蔑するケースはあまりないとおもわれる。ちなみに、岩下明裕教授のばあい右派層に左翼あつかいされているようだが、引用した文章でみるかぎり、左派に分類することは到底不可能だ。「右巻き」「左巻き」というレッテルばりを「　」つきでしているので、両者に対して冷徹に距離をおいているおつもりだろう（いわした 2016: ⅷ, p.229）。

4章　コロニアルなニッポン再考

法理としてはそうであっても、この空間には日本が主権を行使しているとは思えないさまは体感できる。この体感は正しい。なぜなら、分断された空間内の施政権は米軍にあって、日本にないどころか、施政権者、つまり米国のほうが主権者の日本より強い立場にあるからだ。「ホストとしての予算」(Host Nation Support 日本語では「思いやり予算」という意味不明の言葉が使われているが) を米軍に払い、安全保障の確保を自国のみで完結できない日本が米軍に頼んで駐留してもらっている現状では、彼我の力関係は明確であろう。
　元『沖縄タイムス』記者の屋良朝博は、米国は日本本土に基地を置いてもかまわないが、沖縄に押し込めたいのは日本政府であると見なす。これは主権者として沖縄に犠牲になってほしいという意思表示であり、その上で米軍に駐留してもらっているのであれば、主権を行使している上で行使していないそぶりをする二重の構築が行われていることになる。……　(いわした 2016: 149-151)

　日本政府（外務省／防衛省等）の至誠、日本人の多数派の偽善・欺瞞を糾弾しているようにうつるので、一見反体制的にみえます。しかし、この指摘で「安全保障の確保を自国のみで完結できない日本が米軍に頼んで駐留してもらっている現状」とのべられている以上、自衛隊が専守防衛にさえ不足しているという位置づけなのであり、その現状認識は自民党主流派などと同質です。さらに、あたかも在沖米軍基地周辺以外には治外法権的空間がないかのように一般読者に誤解させかねない点でも有害にみえます。
　まず、沖国大米軍ヘリ墜落事件（2004年）の直後、沖縄国際大学構内が米軍支配下におかれ、沖縄県警も沖縄消防庁もたちいりを

禁止された[18]ように、米軍基地からはなれていようが、米軍機等が墜落し、軍事機密など秘匿すべき情報があると判断されれば、日本の領土・領海内のあらゆる空間が治外法権化することが、日米地位協定からみちびかれるのです。その意味では、皇居内・政府官邸内でさえも、そうなるおそれがあります。また、横浜市の中／磯子／南の3区にまたがる「米軍根岸住宅地区」に囲まれた"飛び地"にくらす民間人は、自宅にはいるために「通行証」が必要であるなど[19]、実は「米軍基地ファースト」で、日本列島はいとなまれてきたのです[20]。米軍基地の爆音被害について、事実認定として住民の苦痛と政府の責任はみとめるものの、夜間・早朝の飛行中止など騒音さしとめ請求については「第三者行為論」[21]を根拠に門前ばらいする最高裁など、米軍あいての訴訟では実質勝訴は皆無なのです[22]。「第三者行為論」は、もっともらしくのべていますが、単純に米軍は治外法権下にあり、日本国憲法をはじめ、ほとんどあらゆる実定法をこえた存在だと、最高裁がみとめている証拠です。殺人罪や強制わいせつ罪など、米兵による個別の犯罪は処罰されます[23]。しか

---

18 ウィキペディア「沖国大米軍ヘリ墜落事件」、および黒澤亜里子編『沖国大がアメリカに占領された日』（くろさわ編 2005）参照。

19 「米軍に囲まれ暮らす　根岸住宅地区」（産経新聞 2014.2.9 20:47）、「特殊な環境下で権利侵害」　原告主張、国は請求棄却求める　横浜地裁」（産経新聞 2014.2.28 22:46）

20 日本列島内に米軍基地以上の「上位」があるとすれば「アメリカ大使館」か。

21 米軍は日本政府の直接の指揮命令外にある第三者なので、日本政府に対して飛行さしとめなどをもとめることはできないという「へ理屈」。

22 「最高裁、米軍機は上告棄却　弁論の対象は自衛隊機　厚木爆音訴訟」（神奈川新聞 2016.9.17）

23 米軍統治下の沖縄島・伊江島では、凶悪犯罪をしでかした兵士たちが、罰

し米軍自体が組織としてくりかえす人権侵害は、罰せられない。せいぜい、日本政府が、騒音対策などに責任をおうといった程度です。おそらく米軍機が墜落しても、業務上過失致死傷などは、とわれないでしょう。行政訴訟は、当然「第三者行為論」ではじかれるし、民事訴訟も、賠償金を日米政府が折半とかいったかたちでおわるのではないかとおもいます。

とはいえ、あきらかな「迷惑施設」の典型例である米軍基地の被害・リスクは、日本の総面積の0.6%の沖縄島＋伊江島、いや実質的な偏在に即していうなら0.3%しかしめない狭隘な空間に米軍専用基地が4分の3ちかく集中しているオキナワでこそ、突出しています。性犯罪や強盗事件など凶悪犯罪が、本州に点在する基地周辺で頻繁に報じられることはないこと、オキナワのばあい、頻繁にふたつの県紙が凶悪犯罪等を報じつづけていることを対照すれば、そのユガミは歴然としています。岐阜／山梨の海兵隊がオキナワにうつっていったことなどもふくめて、まさに「天皇メッセージの呪い」とでもいうほかない偏在です。

「親米クン」にとっては、各地の反米軍意識（安保死守論者のNIMBY意識[24]もふくむ）のシワよせがオキナワに集中するのは、

---

をまぬがれ本国に帰還していた。1972年の施政権返還後でさえ、日米地位協定によって、沖縄県警は捜査・聴取ができずにいた。犯人ひきわたしなど、県警に捜査協力を在沖米軍が約束したのは、多数の反対集会をひきだした1995年の暴行事件ののちだった。いや、現在でさえも、沖縄県警は犯人が基地内ににげこむことを必死に阻止することで対応しているとされる。被疑者ひきわたしをこばむことはなくなったものの、証拠隠滅のおそれなど、米軍の介入をゆるさないためには、被疑者を県警が米軍にさきんじて確保する必要があるからだ。

24 「NIMBY（ニンビー）とは、英語：" Not In My Back Yard"（我が家の裏には御免）の略語で、「施設の必要性は認めるが、自らの居住地域には建て

「必要悪」です。現役の防衛大臣（しかも自衛隊出身の軍官僚）が、「軍事的には沖縄でなくても良いが、政治的に考えると、沖縄がつまり最適の地域である」と、そういう結論になるとのべた真意[25]は、

---

ないでくれ」と主張する住民たちや、その態度を指す言葉」（ウィキペディア）。当初は、地域エゴを非難する表現としてもちいられていたが、近年では、環境社会学や経済倫理学、障害学などから、「迷惑施設」の位置づけの政治性や差別性などを指摘する再検討がはじまっている。米軍＝用心棒論をとる親米保守層が米軍基地を忌避するのは単なる地域エゴだろうが。

25 　防衛省のホームページで確認できる森本敏防衛大臣（2012年当時）の回答。
「Ｑ：沖縄問題にとてもお詳しい大臣で、今回、半年の間に沖縄の負担軽減に努力されていたと思いますが、1点だけ確認というか。普天間の辺野古移設は地政学的に沖縄に必要だから辺野古なのか、それとも本土や国外に受入れるところがないから辺野古なのか、その1点だけ、考えをお願いします。
Ａ：アジア太平洋という地域の安定のために、〔中略〕地上の部隊、航空部隊、これを支援する支援部隊、その3つの機能をトータルで持っている海兵隊の空地の部隊、これをMAGTFと言っているのですが、〔中略〕グアムあるいは将来は豪州に、〔中略〕ハワイにもMAGTFに近い機能ができると思うのです。こういうMAGTFの機能を、割合広い地域に持とうとしているのは、アジア太平洋のいわゆる不安定要因がどこで起きても、海兵隊が柔軟にその持っている機能を投入して〔中略〕面全体の抑止の機能として持とうとしているということであり、〔中略〕いわゆる「リバランシング」〔中略〕の態勢として沖縄にもMAGTFを置こうとしているということです。〔中略〕地政学的に言うと〔中略〕例えば、日本の西半分のどこかに、〔中略〕そのようなMAGTFの機能をすっぽりと日本で共用できるような、政治的な許容力、許容できる地域というのがどこかにあれば、いくつもあれば問題はない〔中略〕3つの機能を一つの地域に、しかも〔中略〕必要な訓練を行う、同時にその機能を全て兼ね備えた状況として、政治的に許容できるところが沖縄にしかないので、〔中略〕「軍事的には沖縄でなくても良いが、政治的に

現状のオキナワ以外すべての候補地周辺が大反対するので、オキナワにおしつけるほかないという、日本人全体の巨大な地域エゴにすぎません。しかし「親米クン」は、当然のように不可避の選択肢として正当化します。そこに少々の、うしろめたさがともなうことはあろうと、「現実主義」という大義名分で、地域住民の「民意」をおさえこむことは当然視されてしまうのです。

「親米クン」のきまり文句は、「地域のみなさんには説明を誠心誠意つくし、ご理解いただけるとかんがえております」であり、「法律にもとづき粛々とすすめていく所存です」です。両者の含意に大差はありません。《ホンネ変換》をほどこしてしまうなら、つぎのようなニュアンスといえそうです。

- 「アメリカさまは憲法を超越した存在なのだから、法律なんて「駐留軍用地特措法」みたいに自在につくれる（抵抗はムダだ）」
- 「米軍用に新基地を接収するときまったら、くつがえらない（抵抗はムダだ）」
- 「こちらは基本的に合法なんだから、抵抗者は全員違法だ（抵抗はムダだ）」

オキナワなど現地住民が、どのように反発しようと、どんな「民意」を選挙でしめそうが、完全無視で、せいぜい「配慮」を形式的に表明するだけ。沖縄県知事の意向にさからう沖縄県警を動員することはもちろん（じもと出身の県警職員は、本当につらそうなので、

---

<u>考えると、沖縄がつまり最適の地域である</u>」と〔以下略。下線・引用者〕」（「大臣会見概要」平成 24 年 12 月 25 日, http://www.mod.go.jp/j/press/kisha/2012/12/25.html）

大阪府警など他府県からの「応援」=動員が主軸に)、沖縄県の予算を流用して他府県の機動隊等を輸送することも当然視します。駐留軍用地特措法が地域差別で明白な憲法違反であることはしらばっくれて、抵抗する住民などは、みんな公務執行妨害罪で逮捕です。反対派住民など「国際情勢をわきまえないガキが、あばれているだけ」と、うそぶいていることでしょう。裁判所の「第三者行為」論もふくめて、「親米クン」たちのホンネはともかく、治外法権状態は甘受すべき必要悪なのですから、それが面従腹背であれ、本気で恩義に感じているのであれ、とりあえず首尾一貫していることはたしかです[26]。

不可解なのは、「アメリカにノーといえ」[27]とか、いきまいている

---

26 政府自民党の「親米クン」ぶりは、島洋子『女性記者が見る基地・沖縄』のⅢ章「菅義偉内閣官房長官インタビュー」に端的にしめされている（しま 2016: 41-51)。「世界一危険な普天間飛行場の全面返還」のためには辺野古新基地しかありえないという論理は、結局、十余年にわたって返還がすすまないのは、沖縄県知事をふくめた沖縄内外の反対派の抵抗のせいといわんばかりである。最大限の努力をはらってきた日米両政府には、全然責任などないといいたげだ。これだけの歴史的経緯を黙殺して「沖縄と本土に差はまったくない」(同: 51) といいきる神経は、あきれた厚顔無恥といえよう。

27 ちなみに、この「No と言える」論の代表者は、石原慎太郎もと都知事だが、横田基地などへの言及はあっても、ラプコン（レーダー進入管制）などについては沈黙しているようだし、そもそも在沖米軍基地については返還論などに言及したことはないとおもわれる。中国のメンツをつぶしてしまい一挙に日中関係を悪化させた尖閣諸島の東京都によるかいとり／国有化の際にも、米軍に射爆場として供与していた久場島を民間所有のまま放置するなど、米軍の尖閣に対する「中立」政策と「軍事利用」という、たちばの恣意的なつかいわけを黙認するような姿勢がみえかくれする (とよした 2012)。こういったメディアが絶対にふみこまない「親米クン」のありようについては、ブログ『kojitaken の日記』(2013-08-25)「「なんちゃっ

反米右派とおぼしき御仁たち。「国体をかえやがって」とか、「おしつけ憲法拒否。自主憲法制定」「従軍慰安婦問題など存在しない（アメリカ政府や議会は、ウソをついて、日本を誹謗中傷するな。中韓など反日分子とくむな）」などと、いさましいのですが、こと米軍基地問題について、特に在沖米軍の集中問題には、「沈黙」みたいです。かれらは、「日本にほこりを」といさましいのですが、治外法権状態とか、「思いやり予算」などについては、スルーしているのではないかとおもいます。新左翼系の「過激派」とちがって、米軍やアメリカ大使館関連施設などを襲撃した右翼団体もみあたりません。かれらは、「くちばっかり」なのではないでしょうか？ そして、「中国から尖閣／オキナワをまもれ」というばかりで、「オキナワの民意」には、みみをかさないようです[28]。オキナワにさんざん「世話」になっている、というより無理無体を忍従させておきながら、しばしば右派からでるヘイトスピーチの定番は「オキナワ

---

て反米右派」石原慎太郎の化けの皮を剥いだ好著・豊下楢彦『「尖閣問題」とは何か』』がみごとな解析をしている (kojitaken 2013)。

**28** 2014年の沖縄選挙区での知事選・衆議院選は、すべて辺野古新基地建設反対派が勝利した。衆議院選では自民党県連所属の候補は前回当選時反対を公約していたものが全員賛成派にくらがえし（これ自体選挙民へのうらぎりで驚愕だが）、小選挙区で全敗だった。これが民意というものだろう。しかし、かれらは自民党本部のさしがねで比例代表区の上位に位置づけられていたらしく、全員当選した。民意が選択しなかった候補を中央政界が救済して国会に議席をもたせることが、いかに作為的で植民地主義的かは、いうまでもない。なお、「沖縄の民意」というと、「石垣／与那国などは翁長知事らを支持しておらず、中国に対して危機感を共有している」との反論がでそうだが、すくなくとも尖閣諸島がらみの日中対立に対して、漁民をふくめた地域住民は迷惑に感じていることだけは明白だ (おきなわだいがく 2013, おきなわたいむす せんかく しゅざいはん 2014, りゅーきゅーしんぽー／さんいんちゅーおーしんぽー 2015)。

をあまやかすな」です。SMゲームのばあい、マゾヒストのがわに「なっとく」(被虐嗜好)があるからこそのロールプレイなのですが、攻撃的な右派というのは、単なる虐待者のようです。しかも「あまやかすな」というセリフには、あきらかな教育イデオロギーがみてとれます。「飼育・調教が不充分である」という。あまりにおぞましい心理機制です。

筆者のようなヒネクレものにとっては、日本のエリートに領土フェチなどないとみえます。「分島改約」しかり「天皇メッセージ」しかり。だから、「尖閣死守」とか「在沖米軍が不在となったら琉球列島全域が中国領になってしまう」といった「主張」は、単に、自派がもりあがるために気勢をあげるクリシェにすぎないと、うたがっています。それは「北方四島」以外の千島列島へのこだわりのなさ、「天皇メッセージ」どおり恒久的に米軍にフリーハンドをあたえてしまう(しかも追加予算まで確保して)「気前の良さ」とか、かれらの「国土」概念に執着などなく、単にメンツ／国益という計算上の素材でしかないのではないかと【4章末補論7参照】。

そして、反米保守が親米保守に執拗に攻撃をくわえたりしないのは、実質的にたたかわない右派勢力として両者は「おなじアナのムジナ」にすぎず、羞恥心とか品位とか、そういった美学上の戦略的差異しかないことを、たがいにみとめあっているからではないかと。

## 4-2-2 絶対平和論により基地固定化／安保維持を補完してしまう左派の逆理

他方、絶対平和論にたつとおもわれるリベラル左派や左翼系の言論人も、虫瞰的(昆虫のように接写するイメージ＝ミクロな視座)でいうと、至極まっとうな議論をしているようにみえるけれど、ふと鳥瞰的(猛禽類が上空から俯瞰するようなイメージ＝マクロな視座)にみなおすと、かなり矛盾にみちたことをいっていることが

すくなくありません。

　たとえば「紛争がいっさい存在しない理想郷にむけて国際社会から軍隊を一掃していく」という壮大な理想論を信じるひとがいます。しかし、右派はもちろん保守派が当然視する、「国際紛争や大規模ゲリラ組織という巨大リスクにそなえることは大震災・津波・大噴火など巨大災害への対策にて、平時からそなえねばならない。敵軍／テロリスト組織というリスクに応ずる準備としては、国軍と国境警備隊、そして武装警官は不可欠だ」という論理に、どう対抗するつもりでしょうか。絶対平和論者が「脳内おはなばたけ状態」と、あたかも幼児のような夢想家として軽侮されるのは、以上のように信じる右派／保守派こそが国際社会を支配してきたという、かなしむべき現実（国際政治史／国民国家成立史）があればこそです。世界を非武装化し紛争をなくしていくという理想には、もろてをあげて賛成しますが、以上のように信じ、実際に兵站（後方支援）をふくめた軍事組織／武装警察組織を合理化／肥大化させてきた欧米列強とそのエピゴーネン（コピー集団）[29]が3ケタのレベルに分裂し、その一部はたえず武力衝突など種々の紛争をくりかえしてきたという現実は直視する必要があります。

　じもとのウチナーンチュの生命・財産をまもる目的をもたない在沖海兵隊が撤収すべきなのはもちろん正論です。しかし、60年以上にわたっていすわりつづけてきた在沖海兵隊の実態が、「きえてなくなれ」と念じて即時消失しないことはもちろん、たとえば1年以内に一掃される（海兵隊員が帰国するだけでなく、基地施設や用地があったところを原状回復する）ことは、ほぼ100％不可能です。

---

**29**　ここでは、国連加盟国数193、国際サッカー連盟の加盟国・地域数211などをイメージ。

それはなにより「普天間飛行場返還のための唯一の候補地が辺野古」なのだという日米両政府の公式見解が数か月の政治情勢の激変でかわるとは到底おもえないこと（「日米地位協定」「駐留軍用地特措法」「思いやり予算」etc.)、かりに政治情勢が激変しても、原状回復には何年もかかることが経験的にしられているからです。ありえるとすれば、スービック海軍基地がピナトゥボ火山の噴火で運用不能になり、半年ちょっとでフィリピン政府に返還されたケースのように天変地異がおきれば、米軍は不在となりえます。しかし、それで原状回復が急速に完成するわけではありません[30]。

　そうであるがゆえに、まずは、日米地位協定にもとづいて軍用地を提供することを自明視する防衛省、そういった追従外交を継承してきた外務省が、自民党ほか保守政治家とともに、「オキナワには海兵隊は不要だ」と認識をあらたにし、それにもとづいてアメリカ政府と交渉をはじめねばなりません。そのためにも、今後も近年オキナワの選挙区でおきているような米軍基地の自明視と反する民意がどんどん具体的に噴出せねばなりません。自民党など保守政党が得意としてきた小選挙区選挙で基地容認派がどんどんやぶれるという「民意」の表出です。そうでないと、すぐ「ヤマト」は、わすれてしまうからです（完全に「ひとごと」）。

　しかし、人口の99％ちかく、選挙区面積の99％強をかかえる「ヤマト」が自然に「オキナワ化」することは絶望的に可能性がひ

---

[30] ちなみに、米軍から平和的に返還されたケースの典型例である那覇新都心のばあい、返還合意は1973年、全面返還実現が1987年、主要な建造物が続々移転したのは2000年からである（ウィキペディア「那覇新都心」）。《米軍基地がもたらす基地経済というイメージは過去の遺物である》という現実を象徴する那覇市の副都心だが、本格的な有効利用が実現するために30年ちかくかかっていることに注意。

くそうです。尖閣諸島問題や安保法制にあつくなる選挙民はたくさんいるけれど、在沖米軍がらみの政治主張を公約にふくめる候補者はオキナワ以外では皆無にちかいし、共産党や社民党など社会民主主義政党（リベラル左派系）が政策の上位にあげることもまずないからです。在沖米軍問題は、安保法制に反対する大方針のひとつのアイテムにすぎないのです。それら政治家・政党の姿勢・意識をささえているのは、もちろん、ヤマトの選挙民の日常感覚・問題関心・地政学的感覚です。かれらにとって、米軍という暴力装置を甘受してくれる不沈空母は「千代に八千代に」維持されるべき存在であり、沖縄県民は、そのごつごう主義を体感としてよくわかっています（わかものは、かなり非政治化していますが）。

しかし、そういった身もふたもない政治状況があるにしても、問題が深刻なのは、在沖米軍の撤退方針を先頭にたってうったえるべき社会民主主義政党はもちろん、オキナワの言論人自体が、「とりあえず県外に移設」という、巨視的にかんがえたら、ほかにほとんど選択肢がなさそうな代替案に消極的か、しばしば大反対である点です。

断言しますが、「ともかくオキナワの在沖海兵隊をはじめとして、人員・面積が、じもとにとって重圧・リスクになっているから、それを是正しよう」という大方針に対して、「とりあえず県外に移設」という選択肢を全否定する議論は有害無益であり、事態の改善にとって明白に反動的です。なぜなら、惰性で米兵とオキナワにもたれかかっているヤマトの保守層のNIMBY意識を、それこそ「あまやかしてきた」のは、あきらかに「オキナワの受苦をよそに転嫁はできない。自分たちには、そんなひとでなしな行為は決してできないし、やってしまったら、むねがくるしくて、たえられない」とする忍従思想だからです。

こういった善意の誠実さ（完璧な利他主義）を否定する気は毛頭

ありません。しかし、こういった論理・心情は、結果としてヤマトの保守層のNIMBY意識を、「あまやかし」つづける結果となります。天皇メッセージ＝「在沖米軍よ千代に八千代に」論をひきよせる思想といっても過言ではない。はっきりいいましょう。アルコールをのんで暴力をふるうDV夫の更正をゆるさない共依存関係にあるパートナーに、そっくりです。「あなたがよわくてくるしんでいることは、よくわかっている」といった甘言は、ヤマトの保守層のNIMBY意識を、「あまやかし」つづけるばかりでなく、「佐賀空港への海兵隊配備反対」といった社民勢力の政党や市民運動さえも「あまやかし」つづけます。いままでも、オキナワ依存をやめられない日米政府を1mmもうごかせない自称「リベラル」をあまやかし、アリバイ的に「たたかっているフリ」「たたかっているつもり」から卒業できない体質を構築してしまっているのです。近年、呼応すべき県外移設論、という問題提起 (たかはし2012, 2016) と、それをひきだした、オキナワ関係者らの議論の蓄積は、これらの構造を指弾したものです (のむら2005, 2007, ちにん2013, 2014, ちにん ほか2012)。要は、在沖米軍の異様な集中という植民地状況を永続化しているのは、「安保がすきならヤマトが米軍基地をもちかえる」という当然の論理をこばむ、保革（右／左）の偽善・欺瞞を、強烈につきつけたと。

　たとえば「シランフーナー（しらんふり派）」批判は、おもにヤマトの政官財、そして社会科学や文学などにかかわる大学人にむけたものです (ちにん2013)。しかし、私見では、すくなくとも右派・保守派が全体構造を充分把握してうえで「シランフーナー」をきめこんでいるかは、少々疑問ののこるところです。筆者が指摘したようなレベルまで論点を分解したうえで、結果として「オキナワ以外政治的にむずかしい」とひらきなおっているのは、森本敏もと防衛大臣など一部の保守派だけなのではと。おおくの保守派／右派にとって、在沖米軍の地政学的矛盾などは精確には把握されていると

はおもえず、だとすれば意識的にズルしているとはかぎらないと。もちろん選挙民のNIMBY意識をはじめとした保守主義・利己主義をちゃんとくんでなかば反射的に反応し、地政学的にあとづけしているケースがおおいのでしょうが。

そして、むしろネット右翼などのばあい、「シランフーナー」層自体よりも、「シランフーナー」層の俗論にすっかり洗脳されている層こそ多数をしめるとおもわれます。たとえば中国脅威論などをまにうけてしまっている自称「情報強者」「現実主義者」なのであり、それらは在沖米軍の位置づけにおいて、「シランフーナー」というより「シッタカー（しったかぶり派）」とみなすのがよかろうと。政府自民党などの安全保障論をうのみにする選挙民の過半数はこのタイプかとにらんでいます。

いずれにせよ、「県外移設をゆるしてはならない」派は、結果として「シランフーナー」体制に洗脳された保守的選挙民を「あまやかし」つづけることになります。「シランフーナー／シッタカー」両派を増長させるのはもちろんです。しかも、対抗勢力になるはずの共産党／社会民主党などの勢力さえも「あまやかし」つづける以上、ヤマトで支配的な風潮が変化する方が変です。「県外移設をゆるしてはならない」派のみなさんの一部は、「グアムなどに撤退させるのにも反対」派だったりします。右派たちに「脳内おはなばたけ」層として非現実主義を冷笑されるのは、しかたがないのではないでしょうか？ それは、在沖米軍の縮小＝中間的目標にとっても、はなはだ非現実的な意見なことは明白なので[31]。

「グアムがオキナワとならぶ軍事植民地として、現地住民は受苦

---

31 こういった批判を暴論といきりたつ層がいたとすれば、図星だからだとおもわれる。そうでないなら、冷静に、こちらの非を立証してほしい。

圏にある被害者集団だ」という現状認識・歴史認識自体は至極正論です。「グアムにも巨大な基地経済があり、それに依存している層もすくなくない（＝だからグアム駐留は正当化される……）」といった論理は、ヘリツクです（オキナワもそうされてきたように）。グアムは、アメリカ本土の防波堤ではないのだから（それは軍事官僚や地政学者による洗脳の産物と死の商人たちによるキャンペーンの結果）。しかし、だからといって、「在沖米軍に反対はしつづけるけど、県外のいかなる国内外にも移設させない」論は、あまりにキレイごとすぎるのです。アイゼンハワー大統領が退任演説（1961年）で指摘した「軍産複合体」[32]という、大国の政治経済学的病理というべき体制から視線をそらしているため、目前の「虫瞰」しか視野にはいらないのです。そして、その結果として、ヤマト各層やアメリカ人の帝国主義を補完してしまっている。もちろん悪意などないけど、無自覚に構造に加担している。筆者からすれば、これも「合成の誤謬」[33]の一種であり、無自覚な共犯者といって過言でない

---

32 「**軍産複合体**（ぐんさんふくごうたい、Military-industrial complex, MIC）とは、軍需産業を中心とした私企業と軍隊、および政府機関が形成する政治的・経済的・軍事的な勢力の連合体を指す概念〔……〕米国での軍産複合体は、軍需産業と国防総省、議会が形成する経済的・軍事的・政治的な連合体」（ウィキペディア「軍産複合体」）。実際には、「軍産学議会複合体」というべきである。

33 「**合成の誤謬**（ごうせいのごびゅう、英：fallacy of composition）とは、ミクロの視点では正しいことでも、それが合成されたマクロ（集計量）の世界では、必ずしも意図しない結果が生じることを指す経済学の用語。」「何かの問題解決にあたり、一人ひとりが正しいとされる行動をとったとしても、全員が同じ行動を実行したことで想定と逆に思わぬ悪い結果を招いてしまう事例などを指す」（ウィキペディア「合成の誤謬」）。ここでは、「県外移設反対」をとなえることで「県内固定化」が常態化する構造。

とおもいます。

### 4-2-3 米軍基地の「おしだし要因」と「ひきだし要因」の合力

かくして、親米派が米軍基地をオキナワにいろいろな利害から常駐させたがるベクトル、反基地派が結果的に米軍基地をオキナワにひきとめてしまう諸要因が浮上してきました。

親米派が在沖米軍を半永久化するのは、基本的には「トリップワイヤー」として米兵を可視的なワナとして仮想敵国にさらす戦略をとる「用心棒」「起爆装置」的な位置づけが第一、それと巨大迷惑施設から日常生活を距離化したいというNIMBY意識を第二の動機とする利害の合力です。過去にはげしい反基地闘争が全国でおきたという経緯と、そのガスぬきに矛盾を転嫁するほこさきとして完全に米軍の植民地として支配されていた沖縄島以南は最適地だったということです。この非常に卑劣な構図は、日常的にはわすれられています。沖縄で凶悪犯罪などをきっかけとした反発が報じられたときだけ、アリバイ的に、ほんのすこし問題化し、しかし本質の所在が解明されることなく、すぐにわすれさられるのが普通です。なにしろ凄惨な事件が何度おきても、ヤマト人はそのつどわすれ、日米政府は、そのわすれっぽさにあまえて、やりたい放題をくりかえしてきたのですから。みなさんのどのくらいが1995年の凶悪事件をどの程度具体的におぼえており、そもそも現地での含意を理解しているか？ 2016年におきた殺人事件の本質をわかっているか？ なにより、沖縄国際大学の構内に米軍ヘリが墜落したこと（2004年）の本質・重大性を認識していたのか？

これらについての無知・無関心・忘却の蓄積は、オキナワ以外の日本列島各地が米軍主導で規制されている「治外法権」状況の矛盾の象徴なのですが、「対岸の火事」と、なぜか錯覚している。それ

はおそらく面積比[34]74％÷0.6％と26％÷99.4％を比較するという単純な算数を一度もしたことがないからでしょう。概数をつかうと、74/0.6：26/99.4 ≒ 0.75/0.6：0.25/100 ＝ 500：1となってしまうことがわかります。オキナワの米軍基地密度（面積比）は「本土」の500倍ちかくと[35]。さらに、これを米軍専用基地が集中している沖縄島／伊江島の面積が沖縄県のほぼ半分にあたることをかんがえるなら、《米軍基地の集中する2島にはヤマトの1000倍ちかい濃度でシワよせされている》という解釈も可能です[36]。つまり、オキナワでどんなに凶悪犯罪や重大事故が発生しようと無関心・忘却がまかりとおる「本土」の心理＝「対岸の火事」視とは、巨大迷惑施設たる米軍基地、とりわけ海兵隊の訓練基地を南海の地にNIMBY意識でちゃっかりとおしつけておくからこそ、なりたつ心理なのです。

---

[34] ここでは、米軍専用基地（自衛隊との共用基地を除外する）の面積比を分子とし、自治体の面積比を分母として、割り算した結果の比（いずれも、数値は概数）を対照したもの。

[35] 99.4を概数として100にするのは過剰だとか、74％（公式発表は73.8％）を75％（0.75）とするのは、ズルいといいたてるヒトがいるかもしれないが、電卓でもつかって正確にやれば、概数の意味が一目瞭然だろう。73.8÷0.6＝123、26.2÷99.4＝0.263…→123÷0.263…＝466.793…と、沖縄県の米軍専用基地密度が「本土」の460倍以上であることは、歴然としている。それを概数で500倍ちかくと称することがズルだろうか？ それこそ、自衛隊の共有基地を除外しないことで、米軍の活動実態を過小評価させようとしてきた政府や右派の算術こそ詐欺的だろう。なお、近年の沖縄県人口は140万人超であり（＝総人口の1.1％程度）で人口比では基地密度は半減するが、それでも250倍はこえている計算となる。

[36] これも概算でなく「厳密」に計算するなら（これも結局は概算にすぎないが）、73.8÷0.3＝246、26.2÷99.4＝0.263…→246÷0.263＝935.361…となり、辺野古付近の新基地建設で面積がひろがったりすれば、それこそ1000倍ちかい濃度という比率が浮上してしまう。

「オキナワをあまやかすな」などと、罵声（ヘイトスピーチ）をあびせる政治家や右翼評論家などは、厚顔無恥としかいいようがないでしょう。そして、そういった卑怯な「シランフーナー」にまるめこまれたり、はげしく批判することなく増長させてきたヤマト人や「本土」メディアは、はずかしいものですよね。強烈なイジメに加担している共犯者、ないし傍観者をきめこんでいるのですから。

ですから、「消去法だと自民党でしょ」だの「政権をまかせられる政党が自民党以外にある？」などと、わかったような論理をふりまわすひとを、著者は信用しません。「「総合的に熟慮した」というポーズだけ＝安易なアリバイ工作者だろう」と正直おもいます。だって、これは「エネルギー安全保障かんがえるなら原発必須でしょ？」とか、「核武装できるよう用意しておかないといけないから、原発維持してプルトニウム確保」とか、「原発プラントは新幹線とならんで日本が世界にほこれる高度技術だから、これで外貨をかせぎ、同時に安全保障も充実させないと」などと本気で信じていたり、そう主張したりすることが「自分たちの権益維持のためにさけられない選択肢」とかんがえているひとびとと、かぶってみえるからです。こういった政治経済的な保守派は大半が親米保守ですが、かりに米国に依存しない自主防衛などといきごむ反米右翼であれ、現実に大差ないでしょう。「オキナワに基地があるのは、対中国戦略として当然だろう」「こういった議論に異議をとなえるのは、国際政治をしらない平和ボケ左翼や反日分子だから、だまらせろ」といったホンネを共有している確率がたかいからです。

現代日本で安保問題や原発問題に関心のつよい層は少数派です。いや、おおくの選挙区で1わり前後は関心を維持している成人がいるはずですが、それらが社会民主主義政党を勝利させるほどの票数としてまとまることはマレです。そして、かりに関心を維持している成人がいるにしても、投票時の候補選択の優先項目のなかで、安

保問題や原発問題が上位3位以内をしめることは、まずありません。すでにのべたように、沖縄以外の地域の選挙民が米軍基地問題に関心をもたないとか、福島以外の地域の選挙民が原発リスク問題に関心をもたない以上、社会民主主義政党の各候補も選挙戦の争点の上位には絶対あげないでしょう。前述したように、「沖縄県外にはもちださせない」などと真剣な活動家がすくなからずいる沖縄県があるわけですから、そとの都道府県民や政党関係者が「人口1％強の社会的弱者をないがしろにしてはならない」などと、殊勝に改心するはずもないでしょう。

このような政治的構図にあっては、「人口1％強の社会的弱者」は必敗ゲームをたたかわされることになります。過去に、在沖米軍基地問題が改善するためには、《現地沖縄の反発がはげしくなれば日米政府が基地返還に応じるはず》といったむねの楽観論を展開した社会学者がいました[37]。それこそ、自分が在沖米軍の撤収について責任をおう気がない人物の無責任発言だと批判しておきました（ましこ2003: 86）が、「シランフーナー」に洗脳されて自分たちの卑劣さにきづかない「シッタカー」だらけのヤマトゥンチュが大多数をしめる日本列島が現状で変質する気配はいまのところ皆無です。そうである以上、残念ながら、かの社会学者の放言は、いまのところ的確というほかないのが現実かと。実際、ヤマトゥンチュが、かたちばかりの反省のポーズをしめしてみせるのは、凶悪事件や重大事故が発生し、沖縄県民が激怒した様子が「本土メディア」にながれた直後だけでしたから。

1章の最後で紹介したように、佐賀空港に海兵隊の機能が少々う

---

**37** こうした「楽観的な予想（政治コスト論）を主張」した社会学者とは、実は小熊英二である（おぐま1998: 764-5）。

つるといった案が浮上しただけで、じもとは猛反発し、沖縄がわが再三猛反発してきた経緯はほぼ100％無視してきたのとは正反対の「住民本位」の対応を日本政府はとってきましたし、米軍も案をひっこめてしまいました。1960年代に発生した「日本本土からのおしだし要因」はいまだに作動しつづけていますし、米軍が沖縄から撤収してもよいといった意向は、今度は日本政府に徹底的に無視されるという「ひきだし要因」も「健在」です。

「沖縄をあまやかす」という、なにか完全にはきちがえたバッシングは再三くりかえされてきましたし、近年は、中国の南シナ海・東シナ海への進出をネタにした沖縄バッシングがはげしくなっています。「独立論」「先住民族論」の浮上などは、完全にヘイトスピーチの標的となる状況をうんでおり、ついには、基地建設反対派住民に対して「土人」だとか、「シナ人」だといった罵倒が大阪府警の機動隊員によってはかれて問題化したほどです。つまり、ネトウヨだとか極右言論人だけの暴言ではなく、ごく平凡な末端官僚が差別の最前線で、くちにしてはならない暴言をはくにいたったのです。「ヤマトゥンチュの正体みたり」という決定的なスキャンダルでしたし、沖縄では、内心「クサリナイチャー」（くさりきった日本人）とののしる怨嗟のこえがうずまいていると想像されます。当然です。

これは、セクシストがミソジニーの典型であり、同時に女性に性的に依存している病理的心理にほかならないのと同様、オキナワバッシングをくりかえす右翼たちは、無自覚な「オキナワ依存症」というべき症状というほかありません。かれらは、くりかえしくりかえし、沖縄には多額の国税をつぎこんでやっていると恩きせがましくのべたてるのですが、米軍に「ささげもの」としてさしだすための「経費」にすぎないという冷厳たる事実については、一向に気づかないフリをつづけます。自覚の程度によって、「シランフーナー／シッタカー」のちがいがありますが、無自覚な「依存症」患者と

して、沖縄現地を蹂躙している共犯者である点には、ちがいがありません。そして、おそろしいのは、こういった露骨に攻撃的な「依存症」患者にはみえなくても、毎回の投票行動として自民党や公明党周辺にいれつづける選挙民は、これら「シランフーナー／シッタカー」によるヘイトクライムを援護するかのように、国会議席という結果でこたえる共犯者たちなのです。かれらは、新大統領に翻弄される政治経済やら、年金問題やら、目前の就職活動などと比較したときに、安保問題などどうでもいいと本気でおもっている。米国の植民地として支配されている政治的現実を甘受するという奴隷根性がしみついて、「無痛」状態だからでしょう。「同胞がひどいめにあっている」という実感／想像力が、ほとんどないのです。そして、これら悪循環を維持しているひとつの要素こそ、無自覚な「合成の誤謬」というべき「県外移設反対論」だとおもいます。自分たちのじもとかくに海兵隊など米軍組織がやってくる、オスプレイ等米軍機が演習ほかで上空を頻繁にとびかう、といった事態がやってこないかぎり、沖縄現地の状況など、すぐわすれるからです。

　沖縄リゾートにやってくる大量の観光客たちは、ホテルの県紙の第一面とかテレビのニュースなどをみききしないのかな、とか、県中部のリゾート地にむかうバスやレンタカーのなかから、基地のフェンスをみながら、なにも感じないのかな、などと、筆者は、毎回のように不思議な心理におそわれるのですが、ヤマトゥンチュ選挙民の投票行動が「不動」であることからして、政府やメディアによる洗脳は、きわめて有効に作動しているのでしょう。

## 4-3
## 二重の意味での植民地空間という時空の直視のために

　琉球列島、とりわけ沖縄島周辺以南の政治経済的構造は、米→日、

日→琉という支配が二重構造がかぶさっているという政治的含意を、何度も確認してみました。「二重」というのは、支配が「入れ子構造」になっていて、日本政府（内閣／外務省／防衛省等）がアメリカの利益を代行する装置となっており、オキナワ現地の右派（以前は保守層も）が走狗として支配に加担しているという意味が第一。しかし、重要なのは、すでに確認したように、この「二重構造」が直視されていないことで、無自覚に問題の本質を視野のそとにはずしてしまって、ずっと気づかないという点です（構造的死角）。

　たとえば、「主権者として沖縄に犠牲になってほしいという意思表示であり、その上で米軍に駐留してもらっているのであれば、主権を行使している上で行使していないそぶりをする二重の構築が行われていることになる」とするオキナワ現地からの批判をうけて自己批判するのは重要です。しかし同時に、潜在的には日本列島上の全空間がアメリカ政府の国際戦略の犠牲になりかねない植民地状況を直視せず、認識上抑圧してしまう防衛機制がここにみてとれます。まずは、オキナワ現地が犠牲の凝集点とされつづけてきた卑劣な差別構造（NIMBY意識が動員されたトリップワイヤー論etc.）の自覚・自己批判が不可欠です。と同時に、「有事」とアメリカ政府（外務省・国防省etc.）が判断すれば日本全土が基地化する潜在的な植民地構造が日米地位協定周辺にうめこまれている構造、いやそればかりか、現実に、さまざまな主権がこっそりおかされている構造がみえなくされているのです。天皇制／原発銀座などと同様、本質を暴露することが最大のタブーであるかのように、公教育はもちろん、マスメディアもひたすら国民が現実直視をしないで生活しつづけるように、しむけているとしかおもえません。たとえば極右勢力から、しばしば左派（「反日分子」）あつかいされてきた「朝日新聞／毎日新聞」やNHKなどの報道姿勢をふりかえれば、それはあきらかです。オキナワ現地が植民地状況にあることを批判する言論人はいて

も、日本列島全域が米国の支配下にあることを指摘するのは、左派勢力と反米右翼だけになってしまったといっても過言でないといえるでしょう。

　一方、日本人の相当部分は、「植民地化するアメリカ政府はわるい」「それをゆるす自民党総政権や霞ヶ関はわるい」とうすうす気づきながら、それをくつがえす投票行動や意思表示をすることにはなれていない。「アカ」よばわりされ、「世間」からうくのがこわいのです。その意味で、偽善的で自画像をかきそこねているとはいえ、トランプ大統領就任後もおさまらない暴走に「過激」なデモを展開したアメリカ市民の一部は、まだまともです。一方、日本人のリベラル左派や中道左派は、その覚悟がかけている。戦前、軍部の暴走に反発しながらも沈黙してしまった自由主義者や旧制高校・大学の関係者と酷似しています。いや、治安維持法など逮捕の危険がない現代日本で異議もうしたてできない市民の偽善性は、戦時中のエリートたちより退行しているとさえいえます。なにしろ、『はだしのゲン』を禁書とするような「指導」を教育者がしても、致命傷にならない程度に、「右派にとっての言論の自由」が支配的だからです[38]。「アメリカ政府ににらまれたら、おそろしい」「アメリカの財界とうまくやらないと商売あがったりだ」といった恐怖感が財界をおおい（対中貿易が首位になっても、「黄禍論」にくみする名誉白人「日本」）、そういった不安が政界・官界をささえ、マスメディア

---

[38] 育鵬社教科書の採択のひろがりや、後述の中学校教員の解雇問題（注42）と「せなかあわせ」の構図とおもわれる。並行して、安倍政権の暴走をとめる勢力は国会のどこにもない現実は小選挙区のもとの選挙民がささえる構造であり、そのことと二重の植民地構造は通底している。左派アレルギーともいうべき風潮はつよまる一方で右派アレルギーはどんどん弱化し、むしろ正常な免疫機能さえはたらかなくなりつつある。

がそれを陰に陽にささえる。マスメディアに不信感をおぼえながら、依然として洗脳されつづけ、一方「マスゴミ」論などと、自分たちが情報強者であるかのように錯覚をつづけるネット右翼など、自分自身の世界像をまったく修正できずにいる日本人よりは、クリントン候補を拒絶したアメリカ人の方が、少々マシという皮肉もいいたくなります。なぜなら、マスコミ不信はアメリカ同様極右を暴走させた一方、極右勢力への批判精神は健全だからです。日本のばあい極右の独善性がつよまったのは同形ですが、たとえば民進党や旧社会党支持層は朝毎読など全国紙の論調を、無党派層は日経などの論調を根底からうたがうことはないでしょう。たとえばオバマ政権が、所詮は既存の帝国主義の継承組織だったにすぎない現実などは過小評価し、クリントン候補をそれなりに評価していただろうなど。オキナワが軍事植民地として不動だったこと、その背景として日本列島が潜在的植民地でありつづけた点は、それ以前のブッシュ政権や現在のトランプ政権と同質なのです。

　日本人のおおくは、オバマ前大統領のごくごく短時間の広島訪問だけで、かなり「前進」だと錯覚したのではないでしょうか？ アリバイ的に短時間だけ鎮魂ポーズをきめただけのオバマは究極の偽善者なのであって、ノーベル平和賞をもらってしまったので、その帳じりあわせをしたにすぎないでしょう。ウサーマ・ビン・ラーディン容疑者を逮捕する気がない特殊部隊が家族のまえで殺害、イスラム教に反する水葬で処理した経緯も、前大統領はすべて了承していたはずです[39]。オバマを美化しつづけてきた日本のマスメディアは、立派な洗脳装置だったといえるでしょう。オバマ大統領（当

---

39　ウィキペディア「ウサーマ・ビン・ラーディンの殺害」と、それに対応するWikipedia "Death of Osama bin Laden" 参照。

時)に同行した側近が、核兵器の遠隔操作バッグをたずさえていたことを皮肉っぽく報じたテレビ局があったのは、せめてものすくいでしたが[40]。これらすべてをかんがえあわせただけでも、グロテスクなまでに偽善的な人物というほかないのではありませんか。トランプ政権になってから、あたかも日米関係が激変したかのように錯覚していたとすれば、それこそ「洗脳」の産物なのです。

　そして、ことは沖縄島・伊江島等の米軍基地や被爆地にとどまらず、日本人が熱心な「北方四島」返還問題などにも日本の植民地状況がかげをさしている(米軍基地がおかれかねない以上、日本に返還などしないetc.)など、戦後70年以上にわたって本質的な変化はないとさえいえるのです。「潜在的に全土が植民地的であるという意味で準属国(精神的・制度的従属)のまま[41]」「しかも、戦時中までの帝国主義的膨張が未清算という負の遺産もからんでいる」と。もちろん、地域性が端的にあらわれ、「負の遺産」も一様ではありません。たとえば、「北方領土帰還者・家族」のばあいは、みずからが植民者だという自覚がないし、おなじことは北海道・沖縄に配属されている自衛官にもないでしょう。安保体制における屈従という歴史的現実のまえに、自分たち自身が「帝国」の末裔であるという自覚が欠落している。小笠原の「内地出身者」「帰化人」双方も

---

40　ウィキペディア「核のフットボール」参照。広島訪問当時のメディア報道については、「「核発射ボタン」が広島に持ち込まれていたと書いた週刊新潮－(天木直人氏)」(投稿者 赤かぶ 日時 2016 年 6 月 02 日 20:40:05　http://www.asyura2.com/16/senkyo207/msg/181.html)参照。

41　ちなみに、右派は日本国憲法や歴史認識問題(南京大虐殺／従軍慰安婦 etc.)では、「従属性」など屈辱意識がつよいのに、それ以外では、「ジャパン・ハンドラー」だとか「はげたかファンド」といった陰謀論的反感しか浮上させない、非常に奇妙な面従腹背状況をくりかえしてきた。

同様でしょう。米軍関係者と家族関係になった現地出身者は、ヨーロッパ系移民と家族となったハワイ州の在来島民とにているとか。

さらにいえば、こういったイビツな戦後史は、あまりにムリをかされた（漱石などがなげいた）帝国主義的膨張という、右派が直視をさけてきた戦前の体質に対する歴史認識上の未清算が戦後ずっとおわらなかった結果です。しにせの大出版社が極右勢力にクギをささずに、むしろ助長するような刊行物をだし、大書店も平然と平積みしてきた商業主義など、「容共」ならぬ「容右」的体質が戦後日本をおおってきた経緯も無視できません（右派は、岩波書店ほか、大出版社によってリベラル左派がもちあげられてきたと、被害者意識たっぷりのようですが）。実証史家のおおくは、アカデミックな野心にとって全然魅力的にみえない「火中の栗を拾う」行為をさけるのが常道でしたし、現在、トランプ政権やプーチン政権、欧州の極右勢力の主張を「理解できる」と公言する層が急増しているのは、おぞましいことです。はっきりいって、冷戦構造崩壊後、バブル経済崩壊など「人口ボーナス」の恩恵をつかいきってしまった日本列島は、学校現場で正論をはくこと自体が「反対勢力」あつかいをうけるようになってしまい、その風潮には、はどめがきかないのですから[42]。

最後に、つぎのような論評は、二重の意味での植民地となっているオキナワの現状を必要悪として合理化する議論として、よみとおすだけで、はきけをもよおすたぐいの文章ですが、親米保守の「シランフーナー」の典型的論理として、ずっと記録しつづける価値が

---

[42] たとえば、東京都の中学教員職をクビになった増田都子さんのケースなど（ますだ 2008）。

あるとおもうので、少々ながいけど、一部転載します[43]。

> 沖縄が酷い目にあったことは知っている。「日本人」のなかには沖縄に対する贖罪意識も強い。動かせるものなら米軍基地を動かしたい。なくせるものなら米軍基地をなくしたい。が、沖縄の属する日本という国は敗戦国だった。終戦後、昭和天皇や時の政府が沖縄を切り離したとか問題にする議論もあるが、敗戦国である日本に沖縄を取り返す力はなかった。マッカーサーとその部下や後継者たちが米政府の意向も汲みながら一連の意思決定を行い、その後はマイナーチェンジを重ねながら最初の決定が追認されるかたちになった。アメリカという巨大な戦勝国に対抗できるわけがない。そして、安全保障上日本はアメリカの実質的な属国になった。憲法もアメリカから与えられた。アメリカと訣別する覚悟を持たない限り、安全保障上、完全な独立国になることはありえない。アメリカから与えられた「民主主義」と明治以降の日本の近代化の伝統が合体して、現在の日本という国の諸制度が生まれ、その制度の下で日本はアメリカの「属国」として生きることを選んだ。異議を唱える勢力もあったが、アメリカ中心の資本主義が肥大化するなかで、彼らは多数派とはならなかった。良かろうが悪かろうが、これが「戦後民主主義」の現実である。アメリカの傘の下で日本は「非戦」を選択し、「経済」に生きた。
>
> 実際の基地問題は、アメリカという国の懐具合や世界戦略の都合、もっと具体的にいえば米軍の都合、海兵隊の都合に拠るところが大きい。米国からの独立・自立を決めない限り、つまり現

---

[43] 篠原章「知念ウシさんの沖縄民族主義は危険だ」(『批評．COM』2012/05/15, http://hi-hyou.com/archives/478)

行の日米同盟の下では、日本が基地の移動を単独で決めるのはできない相談だ。「最低でも県外移設」という鳩山さんの発案に基づいて沖縄以外の地域が基地負担を引き受ける決断をしたとしても、アメリカ(米軍・海兵隊)がノーといえばそれで終わりである。この状況から脱却するためには、日本が安全保障上の独立国になるほかない。それは自衛隊を日本軍に変えるか(→憲法改正)、非戦を徹底するかのどちらかである。その過程で日米同盟も一から見直される。「もうアメリカさんに守ってもらう必要はありません」となるか「有事の際は協力してくださいね」となるかはわからない。いずれの場合も、時間は少なからずかかる。ぼく自身は「非戦」を選びたいが、最終的には日本国民が民主主義的な手続きにしたがって決めることだ。だが、その議論は一向に始まる気配がない。

　知念ウシさんはそのことを問題にしているのだろうか。だとすれば、「沖縄人vs日本人」という対立の構図は不要だ。日本に国籍のある沖縄住民として「腹をくくった安全保障論議を」と大声でいえばいい。これは「日本国民」としての主体的な主張になるから、本土の住民も主体的に参画することが可能だ。「基地撤去」を進めるための現実的な土台を提供する議論にもなる。安保を考える覚悟を決めることが大事なのであって、「差別」を前提に話し合うことが大事なのではない。……

「「差別」を前提に話し合うことが大事なのではない」って、そんなこと容認するのは、日本人に洗脳された層だけでしょう。施政権返還後半世紀ちかくオキナワに米軍基地をおしつけつづけている日本人が、そんなことをいってはいけません(「思想信条の自由」の

次元にない、無自覚な差別意識にねざした事実誤認[44]）。米軍基地のおしつけ、という厳然たるオキナワ差別が半永久化してきた現実をごまかして、「沖縄が酷い目にあったことは知っている。「日本人」のなかには沖縄に対する贖罪意識も強い」といった、くちさきばかりのいいわけは卑劣です。そして、こういった「しかたがない」論の背後にあるさまざまな利害に無知な保守層は、こういった議論をよめばよむほど、自分自身を良識・分別ある保守主義者として一層強固な「シッタカー」としてこりかたまっていくことでしょう。「知念ウシさんの沖縄民族主義は危険だ」といった懸念とは、親米保守層のホンネ（＝昭和天皇の「御心」）を「千代に八千代に」永続化しようという、あきらかな政治経済的利害の産物であり、政治的計算の帰結なのですから。地政学的計算にそって「安保を考える覚悟を決める」[45]というのなら、まずは日本海沿岸への米軍基地の即時移設しかないでしょうし。

## 【補論5：「固有の領土」論批判とその限界】

「「固有の領土」という考えは」「問題の分析と理解を困難にし、人々の感情を煽る言葉であり、具体的に定義されなければほとんど

---

[44] 戦後数十年間、在沖米軍基地を本気で「なくせるものなら米軍基地をなくしたい」と念じていた日本人は多数派ではなかった。たとえば、9わり前後の圧倒的多数で国会議員が賛成票を投じた「駐留軍用地特措法改正」（1997年）をみれば、オキナワに米軍基地をおしつけてはじない国会議員を選出した日本の有権者が圧倒的多数だったことをうらがきしているだろう（ウィキペディア「駐留軍用地特措法」）。

[45] もちろん筆者は、こういった「地政学的計算」には、ふかい疑念をいだいている。

無内容」と断言する論者もいる。「「固有の領土」ではなく「国境の画定」」なのだと (なか2013: 54)。また「19世紀から20世紀にかけて行われた島嶼の「国境の画定」の本質はメイジャーなネイション (優勢な政治的文化集団) が自らの政治的・経済的支配権を確立しようとして、一方的に「社会境地帯(しゃかいざかい)」(国境地帯(くにざかい)) を取り込んで区分けしようとし、お互いの間で駆け引きをしたという点にある。そこに誰が住んでいたかというのは実際は二の次である」(同: 241) といったふみこんだ解析もしている。

しかし、おなじ論者が「日本が国民国家を形成しようとした19世紀後半から20世紀前半」(同: 95) といった記述をしているように、当時相対的に「優勢な政治的文化集団」として存在していた和人たちの「連続性」＝「自己同一性」については、相対化できないようである。前述したように、日本国民の相当数は、4世紀にヤマト王権が成立したなど考古学に関心をもち、『日本書紀』など7世紀からの連続性を自明視するとか、1000年以上さかのぼることに、なんら抵抗を感じないわけだが、一見冷徹にみえるこの論者にも、同質なかおりがする。

## 【補論6：陰謀論的幻影としてのジャパン・ハンドラーと、実質的売国奴という皮肉】

ちなみに、政府首脳とそこに対する安定的な影響力を行使しつづけてきたロビイスト集団といった人材／諸勢力も「一枚いわ」でないことは明白だ。「日本核武装上等」派もいれば、「おさがりをドンドンかわせろ」という「死の商人」もいれば、日本のリベラル左派がないてよろこびそうな知性派まで、そのベクトルは多種多様である。にもかかわらず、あたかも「一枚いわ」あつかいで、かつ「米国の要求は国際情勢上合理的な圧力だから、かわせない」といわん

ばかりの甘受を外務省等は、ひたすらくりかえしてきたのだ。「売国奴」とは、このことだろう。かれらは政治情勢や対米関係の優劣などから、主観的には「他策ナカリシ」と信じ（若泉敬）、精一杯の面従腹背と防衛機制とをくりかえしてきたのであろう。しかし、そういった絶筆とよぶべき遺作をわれわれに託した外交関係者（若泉自身は国際政治学者だったが）にとっても、それこそ「神のみぞ知る」現実だったはずだ（わかいずみ2009）。

　というのも、「交渉相手」は通常「一枚いわ」ではないし、たとえば《二流のフットボール選手が、せまい視野で目前の敵軍をとらえるばかりで、かなしばり状態におちいり、敵軍守備陣に完封された》といった構図にすぎないことがしばしばなのだから。したがって、「どシロウトのくせに、なにがわかる」といった一種のひらきなおりは《反則》だ。有権者や国民は「政治ショーの観客」のようなもので、自身が競技者として自在にうごけないからといって、「享受者」「観戦者」としての批評権をうしなうわけではない（「ゲーム理論」的に、敵軍にしられてはまずい機密は当然あるが）。情報を開示せず「しらぬがホトケ」状態におさえこんで「民意」を操作しなかったなどとうそぶくのなら、その偽善・欺瞞はゆるしがたい。

　それにしても、近年、続々と沖縄返還協定前後における密約が実在したとの証言をのこすもと外交官がでてきたが、「このまま沈黙したままでは成仏できそうにない」といった長年の罪悪感がすけてみえる。

　ちなみに、尖閣諸島問題は野田政権など旧民主党の責任だとネット右翼らは信じているようだが、こじらせたのは、「東京都がかいとる」などといいだした石原慎太郎をはじめ自民党周辺の右派政治家だ。

## 【補論7：レコンキスタにおける南千島とそれ以外の「温度差」】

　カラフト／千島列島各地から「帰還」したいわゆる「旧島民」関係者が存命であるにもかかわらず、「北方四島」への異様な熱意がめだつのは、「植民地の全面的放棄」という、講和条約のもたらした神話の産物ではないかとかんがえられる。「旧島民」関係者の運動の濃淡は、かれらの「帰郷」「墓参」の熱意の差ではなく、単にかれらを支持するレコンキスタ意識の濃淡のあらわれにすぎず、「北方四島」（南千島）とそれ以外の旧「北方領土」の決定的な断絶とは、「北海道の一部」イデオロギーの産物であるとかんがえると、つじつまがあう。

　もともと、講和条約の受諾はアメリカの北太平洋戦略に屈従することを含意していたが、その際、《帝国主義的膨張の結果強奪したものや委任統治領として継承したものは「返還」させられるが、それ以外は「固有の領土」》という戦後体制の合意を日本の支配層は受容したのだ。レコンキスタ勢力が、たとえば「米国務省「北方四島は北海道の一部」との報告書提出の過去」といった報道（『NEWSポストセブン』2015.08.17, http://www.news-postseven.com/archives/20150817_340486.html））にいろめきたつのも、そのせいだろう。ここには北海道の成立経緯自体が立派な植民地化でありアイヌ・モシリ等の強奪によってのみ成立したという経緯の抑圧がみてとれるのはいうまでもない。「北千島」や「南樺太」への執着のなさ、前述したような日本共産党などの千島＝固有の領土論との齟齬はここにある。

# おわりに
## みじかい終章のかわりに

もう20年もまえになりますが、博士論文（教育社会学専攻）に加筆してだしたのが『イデオロギーとしての「日本」』という本です（デビュー作）。その5年後、「イデオロギーとしての「日本」再考」と副題をもつ『日本人という自画像』(2002)、さらに5年半後に「「日本人という自画像」の知的水脈」と副題をもつ『幻想としての人種／民族／国民』(2008) と、2冊の民族論／国家論を刊行しています。

　さらに教育社会学／社会言語学の学際分野としての『ことばの政治社会学』(2002 = 2014)、法社会学的な解析をこころみた『知の政治経済学』(2010) 第三部「配慮と分離の政治経済学」も、民族論／国家論として『イデオロギーとしての「日本」』の延長線上にあります。

　本書はこれら民族論／国家論／社会学とは別の視座から、起点としての『イデオロギーとしての「日本」』に回帰したものといえます。植民地を併呑していく多民族帝国としての性格をひきつぎつつ、超大国アメリカの植民地でもある二重性をおびた戦後日本への議論の集中です。

　実は、この支配／被支配の二重性という視点は、『日本人という自画像』の第2章「帝国の幻影」ですでに言及があります。しかし、それは学会大会のテーマ部会の司会者として各報告を総括した機会をえた際のスケッチにすぎませんでした。今回は、これまでまとまったかたちで論じきることがなかった視座／論点を総括しておく必要があるとおもい、おもいきって整理・体系化をはかりました。

　本書の含意は単純明快です。「日本は戦後一貫して植民地であり、かつ植民地を全部放棄したわけではないという意味で、二重に植民地性をおびた空間だ」と。さらに、その基盤として、「日本」という実体（＝時間上／空間上の連続体）が共同幻想にすぎず、たとえ

ばヤマト王権の成立起源を確定するといった作業自体無意味という世界史的普遍性があると。当然、その内実（生活者／政治経済文化）はもとより、境界線自体が変動しつづけてきたわけで、いかなる実体視も科学をよそおっただけの本質主義＝ガラパゴス的なイデオロギーにおちいるわけです。

　日本人の大半は親米保守だけれども、沖縄に米軍基地が集中しているという問題をつきつけられると、なにか、きまりがわるい気がする。なかには罪悪感がわきあがる層もいる【4章最終部分参照】。しかし《米軍基地自体を自爆装置のように日本防衛に供する》という一種卑怯な戦略自体の矛盾を沖縄島／伊江島等に集中させてきた経緯を抜本的に改善する気など実は全然ない。中朝両国を潜在的敵国におもいうかべていながら、沖縄差別という方向だけでなく、あまりに異様な体制です。《（まず台湾を支配下にいれるなど実行するかはともかく）中国が列島づたいに北上するといった戦略をとる。》しかも《朝鮮が韓国をせめおとすなどして、日本海がわからは絶対こない》などときめつけないかぎり、合理性などカケラもない配置です[1]。米軍の戦力にすがるにせよ矛盾にみちているし、すでに日米

---

[1]　別バージョンとして並行している論理は、「独立論をとなえる極左勢力が戦略的に育成され、日本からの分離独立をへて中国に編入される謀略がすすめられている」といった陰謀論だろう。「日本からの分離独立志向」はあくまで偽装にすぎず、中国共産党の支配下におさまることを計画しているというのだ。これら右派的な陰謀論にたつ論者や、それをうのみにする層は、19世紀すえから、琉球列島がどんなひどいあつかいをうけてきたか、沖縄戦前後はもちろん、米軍支配下となり「施政権返還」後の45年に日本政府がなにをしてきたか（分離独立派が再生産されて当然の近現代史）について無知ないし過小評価しているのである。みずからの卑劣なNIMBY意識に無自覚かすっとぼけているだけなのだが、もちろん自省する知性・品性など欠落している。

の軍官僚たちが《沖縄に海兵隊が常駐し訓練する地政学的合理性などない》と断言してきたのですから、現在の配置の合理化は単なるデマのたぐいにすぎません。その合理性をもっともらしくかたる右翼は米国の傀儡にほかならないし、それを信じている日本国民の大半は洗脳のとりこです。芸術作品である人形浄瑠璃ならともかく、ブサイクなあやつり人形にみいられている観衆とは、実にこっけいです。こういった愚にもつかないエセ地政学で正当化された在沖米軍の現状など、単なる地域差別（NIMBY）ないしレイシズムのたぐいでしょう。

　沖縄の左派系の民族運動が、アイヌ民族の運動にならって、「先住民族」というカテゴリーをもちだしたのは、対ヤマトという意味では少々整合性にかける気がしますが、対米関係ではあきらかに合理的です。米軍は1945年6月ごろから、一貫して沖縄島以南の支配者なのですし、それに異をとなえない住民だらけの鹿児島以北は侵略者集団の共犯者の集住地なのですから[2]。各種補助金でつぐなわ

---

2　「沖縄の民意尊重を　国連人種差別撤廃委が日本に勧告」
　（琉球新報 2014.8.30）
　　国連の人種差別撤廃委員会は29日、日本政府に対し、沖縄の人々は「先住民族」だとして、その権利を保護するよう勧告する「最終見解」を発表した。「彼らの権利の促進や保護に関し、沖縄の人々の代表と一層協議していくこと」も勧告し、民意の尊重を求めた。琉球・沖縄の言語や歴史、文化についても、学校教育で教科書に盛り込むなどして保護するよう対策を促した。
　　　委員会は日本政府に対し、勧告を受けての対応を報告するよう求めている。
　　　同委員会は2010年に、沖縄への米軍基地の集中について「現代的な形の人種差別だ」と認定し、差別を監視するために、沖縄の人々の代表者と幅広く協議を行うよう勧告していた。今回は米軍基地問題に言及しなかった。

れているだの、格差是正への援助がなされているなどと信じているのは、沖縄現地では保守層だけです。保守層だって、沖縄経済界や翁長知事らが反旗をひるがえしたとおり、日米という侵略者が植民地支配をつづけている不当な体制、という認識がひろく共有される時代がやってきたのです。保守や右翼が、辺野古新基地建設反対にかたむく民意(「建設」派の選挙戦での惨敗etc.)とならんで、「差別」論／「先住民族」論／「独立」論等に過敏になっているのは、いたいところをつかれたからでしょう[3]。尖閣諸島問題をことさらに

---

　最終見解は、ユネスコ(国連教育科学文化機関)が琉球・沖縄について特有の民族性、歴史、文化、伝統を認めているにもかかわらず、日本政府が沖縄の人々を「先住民族」と認識していないとの立場に「懸念」を表明。「彼らの権利の保護に関して琉球の代表と協議するのに十分な方法が取られていない」ことに対しても懸念を表した。

　また、消滅の危機にある琉球諸語(しまくとぅば)の使用促進や、保護策が十分に行われていないと指摘。教科書に琉球の歴史や文化が十分に反映されていないとして、対策を講じるよう要求した。

　最終見解は今月20、21日にスイス・ジュネーブの国連人権高等弁務官事務所で開いた対日審査の結果を踏まえ、まとめられた。

　対日審査では沖縄の米軍基地問題に関して、委員から「地元に関わる問題は事前に地元の人たちと協議して同意を得ることが大変重要だ」「政策に地元住民を参加させるべきだ」といった指摘が相次いだが、最終見解では触れなかった。

　日本に対する審査は、日本が1995年に人種差別撤廃条約の締約国になって以来、2001年と10年に次ぎ、今回が3回目。」(http://ryukyushimpo.jp/news/prentry-230843.html)

[3] 「【月刊正論】沖縄・翁長知事の国連演説は本当にヤバい」(産経ニュース 2015.9.16, http://www.sankei.com/life/news/150916/lif1509160001-n1.html)、「国連特別報告者とは一体何者なのか？　実態と乖離した報告に反発強まる　政府は問題点を申し入れへ」(産経ニュース 2016.4.25, http://www.sankei.com/premium/news/160425/prm1604250010-n1.html)、「国連見解「沖縄の人々は先住民族」に自民議員が猛反発「民族分断工作だ」　政府も「撤回働き

おわりに：みじかい終章のかわりに

さわぎたてるのも、おそらくそのせいです。ひごろ領土問題などに関心のない層を刺激して、一過性のナショナリストにしたてるのは、中国脅威論を在沖米軍・自衛隊配備とからめるのが、一番てっとりばやいからです。

かくして「やむなく支配を甘受するほかない」という従属の論理が放棄される情勢がやってきたのに、それに気づかないふりをする自民党や公明党の中央部は官僚層ともども、支配者そのものですし、それを追認しつづけてきた有権者は明白な共犯者です。すでにのべたように、「『(政府／軍部などに) 洗脳されていたから』という理由で戦前の植民地支配や戦争犯罪などついての免罪がなされない」のと同質であることは、いうまでもありません。われわれ日本人は、米軍主導の安保体制に明白に異をとなえないかぎり、オキナワの敵であり、植民主義者にほかなりません。親米保守がやめられない層も、そろそろ自分たちの「みにくい自画像」をかきはじめねばなりません。「無自覚に美化された自己像」によっぱらっている状況ではないことを理解しないかぎり、たとえば、中韓など東アジアなどから軽蔑されつづけるでしょうし、ヒロシマ／ナガサキなど「負の世界遺産」的空間を象徴として反核運動を展開しても、信用されないでしょう。米軍の「核の傘」はもちろん、米軍基地／将兵自体を「トリップワイヤー」／「人間の盾」としている国民が、世界の平和運動を先導することなど、原理的にありえません[4]。

---

かける」(産経新聞 2016.4.27, http://www.sankei.com/politics/news/160427/plt1604270021-n1.html)、「「沖縄の人々を先住民族と認めるように」国連が勧告　政府「アイヌ以外に存在しない」」(ハフィントンポスト日本版 2016.4.28)、「「先住民族」撤回要求　琉球王国の認識に違い」(琉球新報 2016.4.28)

[4] たとえば米国の退役軍人らでつくる平和団体「ベテランズ・フォー・ピー

被爆者・関係者のみなさんが、どんな崇高な理念を信じ運動しようとも、そもそも原爆投下の戦争犯罪の加害者である米軍を、よりによって安全保障のたのみにしてしまっている以上、理念は宿命的にうちけされてしまうのです。中韓などのナショナリストが、アメリカ人と同様、同胞にも爆死者・被爆者がいることを無視して原爆投下＝正義の鉄槌論／必要悪論に固執するのは野蛮な精神です。しかし、そういった意識を誘発しているのは、歴史認識（右翼が喧伝してきた「反日教育」etc.）だけではありません。安保体制のとりこであり、米国政府の意向をつねに気にする属国であるという冷酷な現実がせなかあわせなのです。

　わたしたちは、たとえば、明治維新期以来の「治外法権」だの「関税自主権」など「不平等条約改正」にとりくんだ政治家／官僚たちに感動したりしてきましたが、万年与党の自民党や官庁の洗脳工作によって、現状が植民地状況ではないかのように錯覚したままです。現実は、すでにみたとおり、日米地位協定の実態に明白なとおり、対等なパートナーといった表現が皮肉でしかない主従関係にあり、外交特権どころか、潜在的には日本列島上のあらゆる空間が治外法権化する構図にあるのです。裁判所は騒音被害ほか米軍による権利侵害についていくら訴訟をおこそうが、「第三者行為論」という論法で門前ばらいをくらわせつづけるでしょう（「安全性は保障されている」という結論ありきの原発関連訴訟と同質）。敗戦による占領状況が開始した時点を起点として現在も進行中の現実であるという点で、「治外法権」は「時代劇」ではなく、英語文法でいう「現在完了形」にたとえることができる構図といえます（「植民

---

ス（VFP）」による沖縄東村高江周辺の「ヘリパッド建設工事中止」の緊急非難決議案を可決といった運動は実在し、意義ぶかいものだが。

地化されてしまった (has been colonized)」といった具合に)。

　その意味で、わたしたちは、日本国憲法や皇室典範など、基本法典の改正作業をめざす作業のまえに、まずは日米安保条約と日米地位協定という対米関係を直視し、中朝韓台ほか近隣諸地域との歴史認識のすりあわせに着手しなければならないでしょう。そういった基本的作業をおこたったままの改憲作業など、ナンセンスだとおもいます。なぜなら、これまでみてきたように、現実問題として日米安保条約／日米地位協定は日本国憲法の上位にあり、必要とあらば、航空法など国内法を無効化する存在ですし、日本国憲法の現代的意味は、アメリカや東アジア・東南アジア諸地域との友好関係と無関係には成立しないのだから。

　ちなみに、本書のような論調を、反日的左翼の針小棒大な非難といった印象をもった読者もすくなくないでしょう（そういった読者は、警戒心から本書の「煽情的タイトル」に着目し、「要注意文書」を調査しようと、よみはじめたかも）。しかし、日本がアメリカの属国であり、右派ナショナリストのねがいが対米関係のなかでネジれつづけてきたこと、オキナワをはじめとして、さまざまな植民地状況を呈しているという指摘は、国外からもよせられてきました。その代表例は、ガバン・マコーマック『属国　米国の抱擁とアジアでの孤立』でしょう (マコーマック2008)。『転換期の日本へ──「パックス・アメリカーナ」か「パックス・アジア」か』(ダワー+マコーマック2014) なども、わかりやすいでしょう。露骨な在沖海兵隊の擁護になっている、ロバート・D・エルドリッヂ『オキナワ論』『だれが沖縄を殺すのか』、ケビン・メア『決断できない日本』、あるいは、沖縄通としてバッシングをくりかえすことが正義だとかんがえているらしい大久保潤／篠原章『沖縄の不都合な真実』などとよみくらべて、どちらが国際情勢のなかで客観的なのか、冷静に判断できる

国民がふえてほしいとおもいます。(巻末には植民地化問題の課題図書がたくさん紹介してあります。)

　本書をご覧になったかたのなかには、中学高校の先生方がいらっしゃるとおもいますし、メディア関係のかたもいらっしゃるでしょう。よんでみて、どうお感じでしょうか。プーチン大統領との北方領土がらみの首脳会談に熱心だったかた、中国の最近の海洋進出問題や北朝鮮情勢等で心配になっているみなさん、安保体制の位置づけはいまだ不動ですか？

　今回は、三元社社長の石田さんに企画のヒントをいただいたほか、編集で上山純二さん、装丁で山野麻里子さんに大変お世話になりました。「ブサかわ」の分身たちは先年10点をこえましたが、単著は今回もお三方の御助力によってどうにか無事誕生にいたりました。
　あつく御礼もうしあげます。

　　　「4島返還求め大会、若い世代も参加　北方領土の日」(日経)の
　　　報をみて日露和親条約締結（1855年）をおもいだした日に
　　　　　　　　　　　　　　　　　　　　　　（2017年2月7日）

おわりに：みじかい終章のかわりに

## 参考文献

あいぬもしりじちくおとりもどすかい（アイヌ・モシリ自治区を取り戻す会）1992『アイヌ・モシリ──アイヌ民族から見た「北方領土返還」交渉』御茶の水書房

あけたがわ・とおる（明田川融）2008『沖縄基地問題の歴史 非武の島、戦の島』みすず書房

あさひしんぶん しゅざいはん（朝日新聞取材班）／朝日新聞出版編，翁長雄志ほか，2015『沖縄と本土──いま、立ち止まって考える 辺野古移設・日米安保・民主主義』朝日新聞出版

あじろ・たつひこ（安城たつひこ）／わりた・いくお（割田育生）2009「我が国の広域な地名及びその範囲についての調査研究」『海洋情報部技報』Vol.27

あまみがく かんこー いいんかい（「奄美学」刊行委員会）編『奄美学 その地平と彼方』南方新社 2005

あらさき・もりてる（新崎盛暉）2005『沖縄現代史 新版』岩波書店

あらさき・もりてる（新崎盛暉）2016『日本にとって沖縄とは何か』岩波書店

いしはら・しゅん（石原俊）2007『近代日本と小笠原諸島──移動民の島々と帝国』平凡社

いしはら・しゅん（石原俊）2013『〈群島〉の歴史社会学──小笠原諸島・硫黄島、日本・アメリカ、そして太平洋世界』弘文堂

いわした・あきひろ（岩下明裕）2016『入門 国境学──領土、主権、イデオロギー』中央公論新社

うえき・てつや（植木哲也）2008『学問の暴力──アイヌ墓地はなぜあばかれたか』春風社

うえき・てつや（植木哲也）2015『植民学の記憶──アイヌ差別と学問の責任』緑風出版

うらた・けんじ（浦田憲治）編著，2000『沖縄米軍基地法の現在』一粒社

えぬえいちけー しゅざいはん（NHK取材班）2011『基地はなぜ沖縄に集中しているのか』NHK出版

エルドリッヂ，ロバート・D, 2008『硫黄島と小笠原をめぐる日米関係』南方

新社
エルドリッヂ，ロバート・D, 2016『オキナワ論——在沖縄海兵隊元幹部の告白』新潮社
エルドリッヂ，ロバート・D, 2016『だれが沖縄を殺すのか』PHP研究所
えんげき「じんるいかん」じょーえーおじつげんさせたいかい（演劇「人類館」上演を実現させたい会）編著, 2005『人類館・封印された扉』アットワークス
おーくぼ・じゅん（大久保潤）／しのはら・あきら（篠原章）2015『沖縄の不都合な真実』新潮社
おーしろ・よしたけ（大城冝武）2014『日本植民地国家論——沖縄支配の構造』Ryukyu企画（琉球館）
おーた・まさひで（大田昌秀）2000『醜い日本人——日本の沖縄意識』岩波書店
おがさわら・のぶゆき（小笠原信之）2004『アイヌ差別問題読本』緑風出版
おかもと・けーとく（岡本恵徳）／たかはし・としお（高橋敏夫）／もとはま・ひでひこ（本浜秀彦）編, 2014『【新装版】沖縄文学選　日本文学のエッジからの問い』勉誠出版
おがわ・まさひと（小川正人）1997『近代アイヌ教育制度史研究』北海道大学図書刊行会（現 北海道大学出版会）
おきなわけん（沖縄県）1996『沖縄苦難の現代史——代理署名拒否訴訟準備書面より』岩波書店
おきなわけん・がくむぶ（沖縄県学務部）1880『沖縄対話』（国会図書館 http://dl.ndl.go.jp/info:ndljp/pid/868664）
おきなわだいがく　ちいきけんきゅーじょ（沖縄大学地域研究所）編, 2013『尖閣諸島と沖縄——時代に翻弄される島の歴史と自然』芙蓉書房出版
おきなわたいむす せんかく しゅざいはん(沖縄タイムス「尖閣」取材班)2014『波よ鎮まれ——尖閣への視座』旬報社
おぐま・えーじ（小熊英二）1998『〈日本人〉の境界——沖縄・アイヌ・台湾・朝鮮　植民地支配から復帰運動まで』新曜社
おもと・けーいち（尾本恵市）編, 2002『人類の自己家畜化と現代』人文書院
かとー・よーこ（加藤陽子）2016『それでも日本人は「戦争」を選んだ』新潮社
かわせ・みつよし（川瀬光義）2013『基地維持政策と財政』日本経済評論社
かわばた・しゅんいち（川端俊一）2016『沖縄・憲法の及ばぬ島で　記者たちは何をどう伝えたか』高文研

かわむら・みなと（川村湊）1994『海を渡った日本語——植民地の「国語」の時間』青土社

かわむら・みなと（川村湊）1999「近代日本における帝国意識」，北川勝彦／平田雅博編『帝国意識の解剖学』世界思想社

きくち・あきら（菊池暁）2003「帝国の不在：日本の植民地人類学をめぐる覚書」，山本有造編『帝国の研究』名古屋大学出版会

きくち・いさお（菊池勇夫）1994『アイヌ民族と日本人——東アジアのなかの蝦夷地』朝日新聞社

きくち・いさお（菊池勇夫）2003『蝦夷島と北方世界——日本の時代史』吉川弘文館

きくち・としひこ（菊池俊彦）2009『オホーツクの古代史』平凡社

きしだ・しゅー（岸田秀）1982『ものぐさ精神分析』中央公論社（初出『現代思想』1975年2月号）

きなせ・たかし（木名瀬高嗣）2016「「アイヌ民族綜合調査」とは何だったのか——泉靖一の「挫折」と戦後日本の文化人類学」，坂野徹編著『帝国を調べる 植民地フィールドワークの科学性』勁草書房

きむ・うね（金閏愛）2013「演劇集団「創造」研究における問題提起——戯曲『人類館』を手がかりに」『Quadrante : クァドランテ：四分儀：地域・文化・位置のための総合雑誌』No.15，東京外国語大学海外事情研究所（http://repository.tufs.ac.jp/bitstream/10108/76157/1/ifa015035.pdf）

くりま・やすお（来間泰男）2012『沖縄の米軍基地と軍用地料』榕樹書林

くろさわ・ありこ（黒澤亜里子）編著，2005『沖国大がアメリカに占領された日——8・13米軍ヘリ墜落事件から見えてきた沖縄／日本の縮図』青土社

くわはら・まさと（桑原真人）ほか，2008『北海道の歴史がわかる本』亜璃西社

げんだいしそーへんしゅーぶ（現代思想編集部）編，2016『現代思想2016年2月臨時増刊号 総特集◎辺野古から問う』青土社

ごとー・けんいち（後藤乾一）2015『近代日本の「南進」と沖縄』岩波書店

さかた・まさひろ（阪田雅裕）2013『政府の憲法解釈』有斐閣

さかた・まさひろ（阪田雅裕）2014『「法の番人」内閣法制局の矜持』大月書店

さかの・とーる（坂野徹）2005『帝国日本と人類学：1884-1952年』勁草書房

さかの・とーる（坂野徹）2012『フィールドワークの戦後史——宮本常一と九学会連合』吉川弘文館

さかの・とーる（坂野徹）／しん・ちゃんごん（慎蒼健）編著，2010『帝国の視角／死角――"昭和期"日本の知とメディア』青弓社

さきたに・みつる（崎谷満），2008『DNA でたどる日本人 10 万年の旅――多様なヒト・言語・文化はどこから来たのか』昭和堂

さくらざわ・まこと（櫻澤誠）2015『沖縄現代史――米国統治、本土復帰から「オール沖縄」まで』中央公論新社

さとー・まさる（佐藤優）2014『佐藤優の沖縄評論』光文社

さとー・まさる（佐藤優）2016『沖縄と差別』金曜日

さどー・あきひろ（佐道明広）2014『沖縄現代政治史 「自立」をめぐる攻防』吉田書店

しのだ・けんいち（篠田謙一）2007『日本人になった祖先たち――DNA から解明するその多元的構造』日本放送出版協会

しのだ・けんいち（篠田謙一）2015『DNA で語る――日本人起源論』岩波書店

しみず・いさお（清水勲）2001『ビゴーが見た日本人』講談社

しみず・いさお（清水勲）2006『ビゴーが見た明治ニッポン』講談社

しみず・いさお（清水勲）2015『風刺画で読み解く近代史』三笠書房

しんや・ぎょー（新谷行）1977『アイヌ民族抵抗史――アイヌ共和国への胎動』三一書房

しんや・ぎょー（新谷行）2015『アイヌ民族抵抗史』河出書房新社

すえなみ・やすし（末浪靖司）2012『9 条「解釈改憲」から密約まで 対米従属の正体――米公文書館からの報告』高文研

すえなみ・やすし（末浪靖司）2015『機密解禁文書にみる日米同盟――アメリカ国立公文書館からの報告』高文研

すみた・ひろし（純田宏）2005「奄美群島の名字について」,「奄美学」刊行委員会編『奄美学 その地平と彼方』南方新社

せがわ・たくろー（瀬川拓郎）2007『アイヌの歴史――海と宝のノマド』講談社

せがわ・たくろー（瀬川拓郎）2011『アイヌの世界』講談社

せがわ・たくろー（瀬川拓郎）2015『アイヌ学入門』講談社

せがわ・たくろー（瀬川拓郎）2016『アイヌと縄文――もうひとつの日本の歴史』筑摩書房

せき・ごー（石剛）1999「日本語・植民地・帝国意識」,北川勝彦／平田雅博編『帝国意識の解剖学』世界思想社

せきぐち・あきら（関口明）ほか編，2015『アイヌ民族の歴史』山川出版社

たかはし・てつや（高橋哲哉）2012『犠牲のシステム——福島・沖縄』集英社
たかはし・てつや（高橋哲哉）2016『沖縄の米軍基地——「県外移設」を考える』集英社
たなか・りょー（田中了）／ゲンダーヌ，D，1978『ゲンダーヌ——ある北方少数民族のドラマ』現代史出版会
ダワー，ジョン・W／マコーマック，ガバン＝明田川融／吉永ふさこ訳，2014『転換期の日本へ——「パックス・アメリカーナ」か「パックス・アジア」か』NHK出版
ちにん・うしい（知念ウシ）2013『シランフーナー（知らんふり）の暴力：知念ウシ政治発言集』未来社
ちにん・うしい（知念ウシ）ほか，2014『沖縄、脱植民地への胎動』未来社
ちにん・うしい（知念ウシ）ほか，2012『闘争する境界——復帰後世代の沖縄からの報告』未来社
ちねん・せーしん（知念正真）1976「人類館」『新沖縄文学』33号，沖縄タイムス社
ちねん・せーしん（知念正真）1997「『人類館』両義的な場所」『EDGE』No.4, APO
ちねん・せーしん（知念正真）1998「沖縄口と演劇」『EDGE』No.7, APO
ちり・ましほ（知里真志保）1956『アイヌ語入門——とくに地名研究者のために』北海道出版企画センター
ちり・ゆきえ（知里幸恵）1978『アイヌ神謡集』岩波書店
つぶて へんしゅーいいんかい（『飛礫』編集委員会）編, 1996『飛礫』11号（特集・北大人骨事件と日本侵略史）つぶて書房
つぶて へんしゅーいいんかい（『飛礫』編集委員会）編, 2001『アイヌ ネノ アン チャランケ 人間らしい話し合いを——河野本道の差別図書を弾劾する』つぶて書房
とよした・ならひこ（豊下楢彦）1996『安保条約の成立——吉田外交と天皇外交』岩波書店
とよした・ならひこ（豊下楢彦）2012『「尖閣問題」とは何か』岩波書店
とよした・ならひこ（豊下楢彦）2015『昭和天皇の戦後日本——〈憲法・安保体制〉にいたる道』岩波書店
なか・のりお（名嘉憲夫）2013『領土問題から「国境画定問題」へ——紛争解決論の視点から考える尖閣・竹島・北方四島』明石書店
なかお・かつみ（中生勝美），2016『近代日本の人類学史——帝国と植民地の記憶』風響社

なかお・かつみ（中生勝美）編，2000『植民地人類学の展望』風響社
なかそね・いさむ（仲宗根勇）2015『聞け！オキナワの声』未来社
なかの・としお（中野敏男）／なみひら・つねお（波平恒男）／やかび・おさむ（屋嘉比収）／リ・タカノリ（イ・ヒョドク 李孝徳）編著，2006『沖縄の占領と日本の復興　植民地主義はいかに継続したか』青弓社
なついさか・さとこ（夏井坂 聡子）2016（石原俊監修）『硫黄島クロニクル〜島民の運命（さだめ）〜』全国硫黄島島民の会（http://www.vill.ogasawara.tokyo.jp/wp-content/uploads/sites/2/files1/Ioutou_Book.pdf）
なみかわ・けんじ（浪川健治）2004『アイヌ民族の軌跡』山川出版社
にーはら・しょーじ（新原昭治）2011『日米「密約」外交と人民のたたかい――米解禁文書から見る安保体制の裏側』新日本出版社
にし・りょーた（西亮太）2015「「ニッポンノ、皆さん」と沖縄」『教育×Chuo Online』（2015/08/06, http://www.yomiuri.co.jp/adv/chuo/research/20150806.html）
にしやま・たきち（西山太吉）2007『沖縄密約』岩波書店
にじゅーいっせーきどーじんかい（21世紀同人会）2014『うるまネシア』第17号（特集「琉球処分」再考）Ryukyu企画（琉球館）
にじゅーいっせーきどーじんかい（21世紀同人会）2015『うるまネシア』第20号（特集 沖縄植民地なう）Ryukyu企画（琉球館）
にほんかいほーしゃかいがっかい（日本解放社会学会）編，2015『解放社会学研究』No.29（小特集　「県外移設」と植民地主義）
のむら・こーや（野村浩也）2005『無意識の植民地主義』お茶の水書房
のむら・こーや（野村浩也）編，2007『植民者へ――ポストコロニアリズムという挑発』松籟社
はやし・ひろふみ（林博史）1987「沖縄戦における軍隊と民衆――防諜隊にみる沖縄戦」，藤原彰編著『沖縄戦と天皇制』立風書房
はやし・ひろふみ（林博史），2012『米軍基地の歴史　世界ネットワークの形成と展開』吉川弘文館
はるな・みきお（春名幹男）2015『仮面の日米同盟――米外交機密文書が明かす真実』文藝春秋
ひがしむら・たけし（東村岳史）2006『戦後期アイヌ民族−和人関係史序説――1940年代後半から1960年代後半まで』三元社
ひらい・やすし（平井康嗣）／のなか・だいき（野中大樹）2015『国防政策が生んだ沖縄基地マフィア』七つ森書館
ひらやま・ひろと（平山裕人）1996『アイヌ史を見つめて』北海道出版企画セ

ンター
ファクラー, マーティン 2016『安倍政権にひれ伏す日本のメディア』双葉社
ふかわ・れーこ(布川玲子)／にーはら・しょーじ(新原昭治)編著, 2013『砂川事件と田中最高裁長官』日本評論社
ふじさわ・けんいち(藤澤健一)2005『沖縄／教育権力の現代史』社会評論社
ふせ・ゆーじん(布施祐仁)2010『日米密約 裁かれない米兵犯罪』岩波書店
ふもと・しんいち(麓慎一)2002『近代日本とアイヌ社会』山川出版社
ほっかいどー・あいぬきょーかい(北海道アイヌ協会)／にほんじんるいがっかい(日本人類学会)／にほんこーこがくきょーかい(日本考古学協会)2016『これからのアイヌ人骨・副葬品に係る調査研究の在り方に関するラウンドテーブル報告書(案)』(https://www.ainu-assn.or.jp/news/files/44d43ebe6e83af8cf4f9f0c3e4b71cdbd641bc3c.pdf)
ポン・フチ, 1987『ユーカラは甦える アイヌ語世界への入門』新泉社
まえどまり・ひろもり(前泊博盛)2011『沖縄と米軍基地』角川書店
まえどまり・ひろもり(前泊博盛)2013『本当は憲法より大切な「日米地位協定入門」』創元社
マコーマック, ガバン=新田準訳, 2008『属国 米国の抱擁とアジアでの孤立』凱風社
まさき・しょー(真崎翔)2013「日米関係における小笠原返還交渉の意義」『小笠原研究』39, 首都大学東京小笠原研究委員会
まさき・しょー(真崎翔)2014「米国の核戦略に組み込まれた小笠原諸島」『同志社アメリカ研究』50, 同志社大学(https://doors.doshisha.ac.jp/duar/repository/ir/16346/012000500003.pdf)
ましこ・ひでのり, 2002a『日本人という自画像——イデオロギーとしての「日本」再考』三元社
ましこ・ひでのり, 2002b=2014『ことばの政治社会学』三元社
ましこ・ひでのり, 2003「日本国憲法下における沖縄人の地位」『うらそえ文芸』第8号, 浦添市文化協会文芸部会
ましこ・ひでのり, 2010『知の政治経済学——あたらしい知識社会学のための序説』三元社
ましこ・ひでのり, 2012「地政学的要衝論=NIMBY連合崩壊の序曲」『うらそえ文藝』第17号, 浦添市文化協会文芸部会
ましこ・ひでのり, 2013『愛と執着の社会学——ペット・家畜・えづけ、そして生徒・愛人・夫婦』三元社
ましこ・ひでのり, 2015a『ゴジラ論ノート——怪獣論の知識社会学』三元社

ましこ・ひでのり, 2015b「高橋哲哉「沖縄の米軍基地」を読んで〈下〉「千倍濃縮」の基地集中／問われる「安全とは何か」」『琉球新報』2015年8月26日（http://ryukyushimpo.jp/news/entry-358377.html）

ますだ・みやこ（増田都子）, 2008『たたかう！社会科教師』社会批評社

まつお・りゅーのすけ（松尾龍之介）2014『小笠原諸島をめぐる世界史』弦書房

まつしま・やすかつ（松島泰勝）2014『琉球独立論』バジリコ

まつしま・やすかつ（松島泰勝）2015『実現可能な五つの方法──琉球独立宣言』講談社

まるやま・たかし（丸山隆司）2002『〈アイヌ学〉の誕生──金田一と知里と』彩流社

まるやま・まさお（丸山眞男）2015『超国家主義の論理と心理　他八篇』岩波書店（表題論文の初出は、雑誌『世界』1946年2月号）

みやぎ・たいぞー（宮城大蔵）／わたなべ・つよし（渡辺豪）2016『普天間・辺野古　歪められた二〇年』集英社

みやじま・としみつ（宮島利光）1999『アイヌ民族と日本の歴史　先住民族の苦難・抵抗・復権』三一書房

メア，ケビン 2011『決断できない日本』文藝春秋

めどるま・しゅん（目取真俊）2005『沖縄「戦後」ゼロ年』日本放送出版協会

めどるま・しゅん（目取真俊）2006『沖縄 地を読む 時を見る』世織書房

モーリス＝鈴木，テッサ＝大川正彦訳, 2000『辺境から眺める──アイヌが経験する近代』みすず書房

もりおか・まさひろ（森岡正博）1996「ディープエコロジーの環境哲学──その意義と限界」, 伊東俊太郎編『講座　文明と環境14・環境倫理と環境教育』朝倉書店（http://www.kuniomi.gr.jp/geki/iwai/deepeco.html）

もりもと・さとし（森本敏）2010『普天間の謎──基地返還問題迷走15年の総て』海竜社

やすだ・こーいち（安田浩一）2016『沖縄の新聞は本当に「偏向」しているのか』朝日新聞出版

やすだ・としあき（安田敏朗）1997『植民地のなかの「国語学」』三元社

やなぎさわ・きょうじ（柳澤協二）ほか, 2014『虚像の抑止力−沖縄・東京・ワシントン発──安全保障政策の新機軸』旬報社

やの・とおる（矢野暢）1975『「南進」の系譜』中央公論社

やぶき・すすむ（矢吹晋）2014『敗戦・沖縄・天皇　尖閣衝突の遠景』花伝社

やべ・こーじ（矢部宏治）2011『本土の人間は知らないが、沖縄の人はみんな知っ

ていること――沖縄・米軍基地観光ガイド』書籍情報社
やまぐち・りょーこ（山口遼子）2005『小笠原クロニクル――国境の揺れた島』中央公論新社
やまじ・かつひこ（山路勝彦）2011『日本の人類学――植民地主義、異文化研究、学術調査の歴史』関西学院大学出版会
やまだ・あきら（山田朗）1987「沖縄戦の軍事史的位置」，藤原彰編著『沖縄戦と天皇制』立風書房
やまもと（山本博文）監修，2012『あなたの知らない北海道の歴史』洋泉社
ゆげ・まさみ（弓削政己）2005「奄美の一字名字と郷士格について」，「奄美学」刊行委員会編『奄美学　その地平と彼方』南方新社
よしだ・けんせー（吉田健正）2005『戦争はペテンだ――バトラー将軍にみる沖縄と日米地位協定』七つ森書館
よしだ・けんせー（吉田健正）2005『カナダはなぜイラク戦争に参戦しなかったのか』高文研
よしだ・けんせー（吉田健正）2007『「軍事植民地」沖縄――日本本土との〈温度差〉の正体』高文研
よしだ・けんせー（吉田健正）2010a『沖縄の海兵隊はグアムへ行く――米軍のグアム統合計画』高文研
よしだ・けんせー（吉田健正）2010b『戦争依存症国家アメリカと日本』高文研
よしだ・としひろ（吉田敏浩）2016『「日米合同委員会」の研究――謎の権力構造の正体に迫る』創元社
よしだ・としひろ（吉田敏浩）／にーはら・しょーじ（新原昭治）／すえなみ・やすし（末浪靖司）2014『検証・法治国家崩壊』創元社
よしだ・ゆたか（吉田裕）1992『昭和天皇の終戦史』岩波書店
ラミス，C・ダグラス＝加地 永都子ほか訳，1987『ラディカルな日本国憲法』晶文社
りゅーきゅー・しんぽーしゃ（琉球新報社）編，2003『最新版 沖縄コンパクト事典』琉球新報社
りゅーきゅー・しんぽーしゃ（琉球新報社）編，2004『日米地位協定の考え方――外務省機密文書』高文研
りゅーきゅー・しんぽーしゃ・ちいきょーてー しゅざいはん（琉球新報社・地位協定取材班）2004『検証［地位協定］日米不平等の源流』高文研
りゅーきゅーしんぽー（琉球新報）／さんいんちゅーおーしんぽー（山陰中央新報）2015『環りの海――竹島と尖閣　国境地域からの問い』岩波書

店
ロング，ダニエル編，2002『小笠原学ことはじめ』南方新社
わかいずみ・けー（若泉敬）2009『他策ナカリシヲ信ゼムト欲ス〈新装版〉
　　──核密約の真実』文藝春秋
わたなべ・つよし（渡辺豪）2015『日本はなぜ米軍をもてなすのか』旬報社

Holysen, 2015「「男根のメタファー」とは何か？──フロイト『精神分析入門』
　　第10講の要約から」『落ち着けMONOLOG』2015-12-04
　　（http://holysen.hatenablog.com/entry/2015/12/04/004143）
Kojitaken, 2013「「なんちゃって反米右派」石原慎太郎の化けの皮を剥いだ好著・
　　豊下楢彦『「尖閣問題」とは何か』」『kojitakenの日記』2013-08-25（http://
　　d.hatena.ne.jp/kojitaken/20130825/1377410875）

# 索引

(キーワードがないページでも内容であげてあります)

## あ

アイヌ（Ainu） 23-4, 58-61, 64, 69, 71-3, 76-80, 85-7, 89, 103, 111, 160

アイヌ・モシリ 60, 73-4, 154

あいぬご（アイヌ語） 61-2, 75, 80-1

あいぬみんぞく（アイヌ民族） 57-64, 74, 77-81, 83-5, 88, 96, 98, 103, 105, 158

あいぬりけん（アイヌ利権） 80

あべ・しんぞー（安倍晋三, 1954-） 41-2, 74, 116, 119, 145

あまみ（奄美） 11, 14

あまみぐんとー（奄美群島） 11-5, 17

あまみご（奄美語） 13

あめりかせーふ（アメリカ政府） 9, 11, 32, 48-9, 99, 116, 121-2, 130, 133, 144-5

アリバイ 135, 138, 140, 146

あんぜんほしょー（安全保障） 37, 39-40, 55, 124, 136, 140, 149-50, 161

あんぽ（安保） 9, 11, 33, 36-8, 40, 42, 55, 109, 118-9, 121, 126, 131, 134-5, 140-1, 143, 147, 150-1, 160-3

いえじま（伊江島） 44, 55, 98, 104, 109, 116, 122, 125-6, 139, 147, 157

いおーとー（硫黄島） 100-2, 106

いくさゆー（戦世） 27-8, 30-1, 36

いしはら・しゅん（石原俊, 1974-） 92, 96-8, 100-1

いしはら・しんたろー（石原慎太郎, 1932-） 129-30, 153

いぞんしょー／いそんしょー（依存症） 142-3

イデオロギー（Ideologie） 67, 82, 84, 91, 107, 117, 131, 154, 156-7

いにんとーちりょー（委任統治領） 28-9, 94, 112, 154

いは・ふゆー（伊波普猷, 1876-1947） 23, 75

いわした・あきひろ（岩下明裕, 1962-） 15, 123-4

いんぼーろん（陰謀論） 121, 147, 152, 157

ウィルタ（UILTA） 58, 69-71

うは（右派） 41, 67, 80, 110-1, 114-5, 117, 119, 122-3, 130-2, 135-6, 139, 144-5, 147-8, 153, 162

うよく（右翼） 41, 117, 130, 140, 142, 158-9, 161

エコツーリズム 57, 80-1

おがさわらしょとー（小笠原諸島）

9, 83, 91-102, 104-6, 112, 114
おきなわ（沖縄）　10, 13, 15-7, 21-6, 28-31, 33-7, 44-5, 47, 49, 52-6, 76-7, 82-3, 87, 96, 110, 123-4, 127-30, 138, 141-4, 147, 149-51, 153, 157-62
おきなわいぞんしょう（オキナワ依存症）　142
おきなわけん（沖縄県）　11-3, 15-22, 27-8, 30, 33-4, 73, 75, 82, 110, 112, 124, 126, 128-9, 134, 139, 141
おきなわご（沖縄語）　76
おきなわこくさいだいがく（沖縄国際大学）　124-5, 138
おきなわじま（沖縄島）　9, 11-4, 27, 29-32, 34, 44, 48, 55, 73, 82, 87, 98, 104, 109-10, 116, 118, 122, 125-6, 138-9, 143, 147, 157-8
おきなわせん（沖縄戦）　11-2, 16-7, 23, 25, 27-8, 31, 35-6, 45, 81, 111, 157
おきなわたいむす（沖縄タイムス）　21, 54, 110, 124, 130
おきなわほんとー（沖縄本島）　12, 25, 54, 123
おきなわめっせーじ（沖縄メッセージ；1947年）　33
おぐま・えーじ（小熊英二，1962-）　114, 141
おしつけけんぽー（おしつけ憲法）　40, 42, 49-50, 130
オスプレイ（Osprey）　45, 54-5, 143
オセアニア（Oceania）　58, 60, 75

オバマ　146
おほーつくかい（オホーツク海）　46, 57-9, 62, 64, 73-4, 92, 94, 112, 114
おもいやりよさん（思いやり予算）　45, 48-9, 52, 116, 122, 124, 130, 133
オリエンタリズム（Orientalism）　11, 57, 77, 82, 87, 94

## か

かいたくし（開拓使）　18, 58, 62, 86
かいへーたい（海兵隊）　31, 44-8, 53-5, 126-7, 132-5, 139, 141, 143, 149-50, 158, 162
かいよーこく（海洋国；Sea Power）　93, 99
かいよーはく（海洋博）　34-5
かごしま（鹿児島）　11, 13-6, 18, 20, 158
ガスぬき　53, 138
かちく（家畜）　26
からて（空手／唐手）　116
からふと（樺太）　58, 62, 69-71, 84, 98, 102-3, 154
からふとあいぬ（樺太アイヌ）　59, 69, 71, 84
からふとちしまこーかんじょーやく（樺太・千島交換条約；1875年）　59, 62, 64, 84
カルチュラル・スタディーズ（Cultural studies）　79, 82
かんこー（観光）　10, 31, 81-2,

87-8
きかじん（帰化人）91, 96-9, 102, 147
きしだ・しゅー（岸田秀.1933-）106-7
ぎぜん（偽善）57, 84, 124, 135, 145-7, 153
きたちょーせん（北朝鮮）50-1, 54, 163
きちけーざい（基地経済）32, 82, 133, 137
きゅーとーみん（旧島民）101-3, 154
きょーあくじけん（凶悪事件）55, 138, 141
きょーあくはんざい（凶悪犯罪）55, 125-6, 138-9
きょーい（脅威）29, 54
きょーさんとー（共産党）29, 111, 122, 134, 136
きょーどーげんそー（共同幻想）113, 156
きょくう（極右）42, 142, 144, 146, 148
きょくとー（極東）44-5, 47, 62, 68, 72, 109
グアム（Guam）44, 47-8, 52, 81, 99, 127, 136-7,
ぐんさんふくごーたい（軍産複合体）137
ぐんじしょくみんち（軍事植民地）32, 81, 99, 104, 109, 116, 136, 146
ぐんじゅ（軍需）97, 137
ぐんと（軍都）32

ぐんよーち（軍用地）11, 43, 48, 116, 122, 133
げんごがく（言語学）13, 75-6, 156
ゲンダーヌ（ダーヒンニェニ・ゲンダーヌ／Dahinien Gendanu／日本名「北川源太郎」, 1926 ごろ-1984）69-71
げんばくとーか（原爆投下）12, 49, 161
げんぱつ（原発）10, 46, 140-1, 144, 161
けんぽー（憲法）9, 32-6, 40-2, 53, 117-20, 125, 128-30, 147, 149-50, 162
こーしつ（皇室）33-4, 42, 162
ごーせーのごびゅー（合成の誤謬）137, 143
こーわじょーやく（講和条約）63, 99, 113, 154
こくさいせーじがくしゃ（国際政治学者）123, 153
こくたい（国体）34, 42, 130
ごけん（護憲）36, 40, 46
こっきょー（国境）15, 62-3, 102, 152
こゆーのりょーど（固有の領土）21, 72-3, 92-3, 96, 114, 151-2, 154

## さ

ざいおきべーぐん（在沖米軍）33, 44-9, 53, 117, 122-4, 126, 129, 131, 134-8, 141, 151, 158, 160

さいばんしょ（裁判所） 42, 129, 161
ざいにちこりあん（在日コリアン） 115
ざいにちとっけん（在日特権） 115
ざいにちべーぐん（在日米軍） 11, 32, 37, 39-40, 43-9, 51-2
さがくーこー（佐賀空港） 53-5, 135, 147
させぼ（佐世保） 45-6, 53
さつまはん（薩摩藩） 11, 13-6, 18, 58, 73, 76, 110, 116
さは（左派） 26, 35, 73, 114, 119, 122-3, 131, 134, 144-5, 148, 152, 158
サハリン（Сахалин／Sakhalin, 樺太） 58-9, 62, 69, 71-2, 85, 114
さよく（左翼） 123, 130-1, 140, 162
じーえいちきゅー（GHQ） 35, 40-1, 49, 119
じえーたい（自衛隊） 37-40, 46-7, 53-5, 82, 92, 100, 106, 124-5, 127, 139, 150, 160
しせーけん（施政権） 16-7, 20, 25, 30, 35, 98, 100-1, 124, 126, 150, 157
シッタカー（しったかぶり） 136, 141-3, 151
しっちかいふく（失地回復） 75
しっちかいふくうんどー（失地回復運動）→レコンキスタ
しのしょーにん（死の商人） 137, 152
シベリア（Siberia; Сибирь） 58, 62, 69-70, 72, 109
しま・よーこ（島洋子，1967-） 129
しゃかいだーうぃにずむ（社会ダーウィニズム） 106
しゃかいみんしゅしゅぎ（社会民主主義） 46, 123, 134-6, 140-1
ジャパン・ハンドラー（Japan handlers） 119, 121, 147, 152
じゅーぐんいあんふ（従軍慰安婦） 49, 111, 116, 119, 130, 147
しゅーちゅー（集中） 11, 35-6, 46, 83, 126, 130, 135, 139, 156-8
じゅく（受苦） 134, 136
しょーすーみんぞく（少数民族） 58, 64, 69-72, 80, 103, 111
じょーほーきょーしゃ（情報強者） 136, 146
しょーわてんのー（昭和天皇，在位 1926-89） 11, 33-6, 42, 53, 116, 122, 149, 151
しょくみんちじょーきょー（植民地状況） 11, 81, 110, 135, 144, 147, 162-2
シランフーナー（しらんふり） 56, 135-6, 140-3, 148
しんたいりく（新大陸） 58, 75, 94, 105
しんにちは（親日派） 66, 115
しんべー（新米） 10, 49, 120, 138
しんべーくん（親米クン） 120-2, 126, 128-9
しんべーほしゅ（親米保守） 35-6, 118-9, 127, 131, 140, 148, 157, 160

しんみん（臣民） 61, 96-7, 107
じんるいがく（人類学） 23, 26, 75-7, 79, 81, 85-6, 111, 115
じんるいかん（人類館） 23-6, 75-7, 111
じんるいかんじけん（人類館事件, 1903年）→じんるいかん
すていし（捨て石） 11, 30, 35, 96
スパイ（SPY） 11, 23, 25, 96-7, 111
せんかく（尖閣） 21, 37-40, 45-7, 114, 129-31, 134, 153, 159
せんきょみん（選挙民） 49, 119, 130, 134, 136, 141, 143, 145
せんじゅーしゃ（先住者） 63, 76, 83, 89, 96, 98, 103, 105, 112
せんじゅーみんぞく（先住民族） 60, 63, 71-2, 76, 80-1, 85-6, 106, 142, 158-60
せんせき（戦跡） 11, 17, 31
せんそーはんざい（戦争犯罪） 56, 160-1
せんのー（洗脳） 49, 56, 109, 111, 137, 141, 143, 146-7, 150, 158, 160-1
せんりょー（占領） 16-7, 30, 34-5, 38, 49, 68-70, 98, 125, 161
そーしゅこく（宗主国） 35, 76, 114
そーせき（漱石；夏目漱石／夏目金之助, 1867-1916） 113, 148
ぞっこく（属国） 13, 15, 32, 69, 74, 117, 147, 149, 161-2
それん（ソ連） 29, 48, 64, 69-70, 74, 120, 122

## た

ダークツーリズム（Dark tourism） 11, 31, 81
だいさんしゃこーいろん（第三者行為論） 125-6, 161
だいとーあきょーえーけん（大東亜共栄圏） 91, 94, 105, 107, 119
だいにじせかいたいせん（第二次世界大戦） 9, 34, 63, 65, 68-9
たいわん（台湾） 11, 17, 19-20, 23, 27, 29, 46, 48, 52, 63, 68, 95-6, 101, 111-5, 121, 157
たかえ（高江） 110, 117, 161
ちいきょーてー（地位協定） 16, 44, 125-6
ちがいほーけん（治外法権） 124-5, 129-30, 138, 161
ちしま（千島） 9, 57-9, 62-4, 72, 92, 98, 102-3, 114, 131, 154
ちせーがく（地政学） 11, 27, 29, 45, 47-8, 53, 63-4, 74-5, 94, 98-9, 102, 104, 106-7, 127, 135-7, 151, 158
ちにん・うしい（知念ウシ, 1966-） 56, 135, 149-51
ちねん・せーしん（知念正真, 1941-2013） 23, 25-6
ちゅーごくきょーいろん（中国脅威論） 136, 160
ちゅーごくきょーさんとー（中国共産党） 21, 48, 111, 117, 122, 157
ちゅーりゅーぐん（駐留軍） 99
ちゅーりゅーぐんよーちとくそほー

（駐留軍用地特措法） 36, 116-7, 128-9, 133, 151
ちょーこー（朝貢） 12, 18-20, 68
ちょーせん（朝鮮） 22-3, 27, 46, 50-2, 67-9, 75, 80, 95-6, 111-5, 157
ちり・ましほ（知里真志保；1909−61） 61
ちり・ゆきえ（知里幸恵；1903−22） 61, 78
ついじゅーがいこー（追従外交） 122, 133
ツーリズム（tourism） 57, 80
つぼい・しょーごろー（坪井正五郎；1863−1913） 23, 76-7
ツングース（Тунгус；Tungus） 58, 63-4
てーこくしゅぎ（帝国主義） 30, 57, 67, 69, 75, 78, 84, 94-5, 106, 109, 117, 137, 146-8, 154
てーこくしんみん（帝国臣民）→しんみん
てーこくだいがく（帝国大学） 22, 26, 73, 75-8, 85, 112
てーこくにほん（帝国日本） 11, 20, 42, 67-8, 75, 84-5, 91, 93, 97-9, 106-7, 109, 112-4, 116
てーじゅー（定住） 87, 92, 96, 109, 114
てきこく（敵国） 35, 46, 122, 138, 157
テコンドー（태권도）→からて
てんのーのおきなわめっせーじ（天皇の沖縄メッセージ） 33
てんのーめっせーじ（天皇メッセージ；1947 年） 11, 32-6, 53, 116, 122, 126, 131, 134
どーいん（動員） 28-9, 31, 57, 76, 84, 96, 110, 119, 128-9, 144
どーかしゅぎ（同化主義） 11, 23, 25, 27-8, 107
とーなんあじあ（東南アジア） 68, 95, 107, 115, 121, 162
どくりつろん（独立論） 73, 117, 142, 157
とよした・ならひこ（豊下楢彦, 1945−） 33, 40, 46, 129-30
トリップワイヤ（tripwire） 11, 37, 50-2, 122, 138, 144, 160
とんでんへー（屯田兵） 59, 61-2

## な

ないち（内地） 27, 96-8, 100-2, 147
ナショナリスト（nationalist） 35, 41, 43, 57, 67, 92, 110, 114-5, 160-2
ナショナリズム（nationalism） 74, 84, 115, 117
なつめ・そーせき（夏目漱石）→そーせき
なんきんだいぎゃくさつ（南京大虐殺） 111, 147
なんしん（南進） 29, 95
なんよー（南洋） 27-8, 91, 94-7, 107
にちべーせーふ（日米政府） 138, 141
にちべーちいきょーてー（日米地位

協定) 16, 44, 125-6, 133, 144, 161-2
にちろせんそー（日露戦争；1904-5年) 65-9, 71-2, 84, 115
にっしんせんそー（日清戦争；1894-5年) 19-20, 27, 68, 72-3, 112
にほんかい（日本海) 46-8, 94, 151, 157
にほんきょーさんとー（日本共産党) 57, 64, 114, 154
にほんせーふ（日本政府) 9, 21, 32, 39, 45, 49, 52-4, 56-7, 74, 80, 93, 99, 106, 109-10, 116-7, 122-4, 126, 135, 142, 144, 157-9
にほんのぜんととれきしきょういくをかんがえるぎいんのかい（日本の前途と歴史教育を考える議員の会) 119
にほんのぜんととれきしきょういくをかんがえるわかてぎいんのかい（日本の前途と歴史教育を考える若手議員の会) 119
にほんれっとー（日本列島) 10, 32, 37, 43-4, 47, 50, 52, 81, 105, 110-2, 125, 138, 141, 144-6, 148, 161
にゅーしょく（入植) 58, 60-1, 83, 91-3, 96-8, 100, 102-3, 105-7, 109, 118
ニンビー (NIMBY; "Not In My Back Yard") 11, 126, 134-6, 138-9, 144, 157-8
ねっとうよく（ネット右翼) 80, 136, 142, 146, 153

## は

はいせん（敗戦) 63, 98, 112-4, 149, 161
はけん（覇権) 67-8, 91, 94, 99, 105, 115
はだしのげん（『はだしのゲン』) 145
はちじょーじま（八丈島) 93, 95
ハワイ (Hawaii) 11, 44, 47, 81-2, 96, 99, 127, 148
はんえーきゅーか（半永久化) 138, 151
はんえーきゅーてきりよー（半永久的利用) 34
はんきち（反基地) 53, 123, 138
はんにち（反日) 46, 111, 121, 130, 140, 144, 161-2
はんべーうよく（反米右翼) 118, 140, 145
ひがい（被害) 30, 48, 50, 56, 95, 116, 120, 125-6, 137, 148, 161
ひげんじつしゅぎ（非現実主義) 123, 136
ヒロヒト（裕仁, 1901-89) 33-6
ふちんくーぼ（不沈空母) 11, 28, 30, 32, 35, 122, 134
ふてんまひこーじょー（普天間飛行場) 55-6, 123, 127, 129, 133
ふのいさん（負の遺産) 57, 77, 116, 147, 169
ヘイトスピーチ (hate speech) 81, 111, 115, 130, 140, 142

べーぐんきち（米軍基地） 10-1, 30, 32-6, 43, 46-7, 52, 56, 81, 109, 117, 123, 125-7, 129-30, 133, 135, 138-9, 141, 147, 149-51, 157-60

べーぐんしはい（米軍支配） 11, 15, 30, 35, 91, 124

べーぐんせんよーきち（米軍専用基地） 126, 139

べーぐんへり（米軍ヘリ） 124-5, 138

べとなむせんそー（ベトナム戦争） 30, 45, 48, 122

へのこ（辺野古） 56, 117, 127, 129-30, 133, 139, 159

へんかんこーしょー（返還交渉） 57, 74, 87, 100

へんきょー（辺境） 87, 114

ぼーえーきせー（防衛機制） 49-50, 73, 122, 144, 153

ぼーえーしょー（防衛省） 38-40, 44-9, 55, 120, 124, 127, 133, 144

ぼーえーだいじん（防衛大臣） 127, 135

ぼーきゃく（忘却） 73, 84, 138-9

ほくだい（北大）→ほっかいどーだい

ほくとーあじあ（北東アジア） 52, 58, 67

ほっかいどーあいぬきょーかい（北海道アイヌ協会） 60-1, 79-80, 87

ほっかいどーだい（北海道大） 73, 75-8, 86, 88

ほっぽーよんとー（北方四島） 57, 65, 72-4, 103, 114, 131, 147, 154

ほっぽーりょーど（北方領土） 57, 63-4, 72-4, 109, 147, 154, 163

## ま

まるやま・まさお（丸山眞男／真男, 1914-96） 106-7, 118

ミサイル（missile） 43, 45-8, 51-2

みなみちしま（南千島） 154

むかんしん（無関心） 138-9

むち（無知） 56, 81, 107, 138, 151, 157

めーわくしせつ（迷惑施設） 126-7, 138-9

めんじゅーふくはい（面従腹背） 120, 129, 147, 153

もりもと・さとし（森本敏, 1941-） 127, 135

## や

ヤマト（大和） 12, 17, 22, 116, 133-40, 152, 157-8

ヤマトゥンチュ（大和人） 112, 114, 141-3

やら・ともひろ（屋良朝博, 1962-） 54, 124

ゆーじ（有事） 38-40, 44-7, 53, 144, 150

よーさい（要塞） 32, 47-8, 96, 98-9, 101

よーじんぼー（用心棒） 40, 44,

127, 138
よくあつ（抑圧）　50, 73, 81, 106, 118, 144
よろんじま（与論島）　11, 13-5

## ら

リゾート（resort）　11, 13, 81-3, 87-8, 143
リベラル（liberal）　122-3, 131, 134-5, 145, 148, 152
りゅーきゅー（琉球）　10, 13-4, 16-21, 75, 81, 116, 158-9
りゅーきゅーおーこく（琉球王国）　16, 18, 20, 160
りゅーきゅーからて（琉球唐手）→からて
りゅーきゅーこく（琉球国）　11, 15, 18-21, 61, 68-9, 76
りゅーきゅーしぞく（琉球士族）　20, 112
りゅーきゅーしょとー（琉球諸島）　18, 34, 110
りゅーきゅーしょぶん（琉球処分）　15-21, 28
りゅーきゅーじん（琉球人）　20, 23-4, 76
りゅーきゅーしんこー（琉球侵攻）　14-7
りゅーきゅーしんぽー（琉球新報）　15, 110, 130, 158, 160
りゅーきゅーはん（琉球藩）　18-9, 61
りゅーきゅーれっとー（琉球列島）　9, 11-3, 15, 17-8, 21, 28-9, 34-5, 44, 46-7, 73, 92, 95, 98-9, 109, 111-2, 114, 116-8, 143, 157
レイシズム（racism）　25, 77, 105, 158
れーせん（冷戦）　21, 45, 48, 52, 68, 121-2, 148
れきしきょーいく（歴史教育）　19, 57, 82
れきしにんしき（歴史認識）　41, 49, 110-1, 119, 137, 147-8, 161-2
レコンキスタ（Reconquista）　11, 57, 64, 71-2, 75, 109, 154
れっきょー（列強）　57, 65, 67-8, 75-6, 78, 93, 95, 102, 105-7, 132

## わ

わじん（和人）　58-61, 81, 91-3, 96-8, 107, 112, 114, 152

**著者紹介**

ましこ・ひでのり（msk@myad.jp）
1960年茨城県うまれ。東京大学大学院教育学研究科博士課程修了（博士：教育学）。日本学術振興会特別研究員などをへて、現在、中京大学国際教養学部教授（社会学）。
主要著作：『日本人という自画像』、『ことばの政治社会学』、『増補新版 イデオロギーとしての「日本」』、『あたらしい自画像』、『増補新版 たたかいの社会学』、『幻想としての人種／民族／国民』、『知の政治経済学』、『社会学のまなざし』、『愛と執着の社会学』、『加速化依存症』、『ゴジラ論ノート』（以上単著、三元社）。
共著に「社会言語学」刊行会編『社会言語学』(1-16号＋別冊2)、真田信治・庄司博史編『事典 日本の多言語社会』（岩波書店）、前田富祺・野村雅昭編『朝倉漢字講座5 漢字の未来』（朝倉書店）、『ことば／権力／差別』（三元社，編著）、大橋・赤坂・ましこ『地域をつくる－東海の歴史的社会的点描』（勁草書房）、田尻英三・大津由紀雄 編『言語政策を問う！』（ひつじ書房）、米勢・ハヤシザキ・松岡編『公開講座 多文化共生論』（ひつじ書房）、Mark ANDERSON, Patrick HEINRICH ed. "Language Crisis in the Ryukyus" Cambridge Scholars Publishing ほか。

# コロニアルな列島ニッポン
### オキナワ／オホーツク／オガサワラがてらしだす植民地主義

発行日…………2017年5月30日 初版第1刷

著 者…………ましこ・ひでのり

発行所…………株式会社 三元社
〒113-0033　東京都文京区本郷1-28-36
電話／03-5803-4155　FAX／03-5803-4156

印　刷＋製　本…………シナノ印刷株式会社

© 2017 MAŜIKO Hidenori
ISBN978-4-88303-440-6
http://www.sangensha.co.jp

## ゴジラ論ノート 怪獣論の知識社会学
ましこ・ひでのり／著 ●1700円

特撮怪獣映画「ゴジラ」をめぐり語られる様々な言説の無自覚なナショナリズムや歴史観を検証する。

## 社会学のまなざし シリーズ「知のまなざし」
ましこ・ひでのり／著 ●1700円

「社会学のまなざし」の基本構造を紹介し、それがうつしだすあらたな社会像を具体的に示していく。

## ことばの政治社会学
ましこ・ひでのり／著 ●2800円

コトバの政治・権力・差別性を暴きだし、「透明で平等な媒体」をめざす実践的理論的運動を提起する。

## 知の政治経済学 あたらしい知識社会学のための序説
ましこ・ひでのり／著 ●3600円

疑似科学を動員した知的支配の政治経済学的構造を、社会言語学・障害学・沖縄学をもとに論じる。

## 幻想としての人種／民族／国民 「日本人という自画像」の知的水脈
ましこ・ひでのり／著 ●1600円

ヒトは血統・文化・国籍等で区分可能であるという虚構・幻想から解放されるための民族学入門。

## あたらしい自画像 「知の護身術」としての社会学
ましこ・ひでのり／著 ●1800円

現代という時空とはなにか？ 自己とはなにか？ 社会学という鏡をのぞきながら、自己像を描き直す。

## 日本人という自画像 イデオロギーとしての「日本」再考
ましこ・ひでのり／著 ●2300円

アジア・国内少数派という鏡がうつしだす「日本」および多数派知識人の「整形された自画像」を活写する。

## イデオロギーとしての日本 「国語」「日本史」の知識社会学
ましこ・ひでのり／著 ●3400円

有史以来の連続性が自明視される「日本」という枠組みを「いま／ここ」という視点から解体する。

## たたかいの社会学 悲喜劇としての競争社会
ましこ・ひでのり／著 ●2500円

傷ついた自分をみつめなおすために！ 「競争」のもつ悲喜劇にたえるための、心の予防ワクチン。

表示は本体価格